家賃について考えてみたら、収益を上げる方法が見えてきた。

家賃をサイエンスする空室対策

亀田征吾

筑摩書房

家賃について考えてみたら、収益を上げる方法が見えてきた。目次

第3章　家賃はどうやって決まるのか　53

第4章　家賃が物件の価値である　87

第5章　物件の価値を分析する　109

家賃について考えてみたら、収益を上げる方法が見えてきた。

はじめに

今から8~9年前、2009年前後のことです。

当時はリーマンショック直後で、その影響を大きく受けた不動産業界は低迷期にありました。長らく不動産業界に身を置いてきた私は、理想と現実のギャップを強く感じるようになっていました。

ひとくちに不動産業界と言っても幅広いのですが、私がおもに手掛けてきたのは賃貸不動産の分野で、オーナーさんと入居者さんをつなぐ賃貸仲介、入居者さんからのクレーム対応や物件の補修などを行う賃貸管理、オーナーさんへの物件販売や物件仲介になります。

そのころ、好景気であれば難なく機能していた、賃貸不動産をめぐるオーナーさんと入居者、不動産会社のあいだの連携がうまく働かなくなってきていたのです。

賃貸仲介の目線で見ると、売上げの目標があるがためにどうしても売上げを重視した物件を優先的に紹介してしまう。

賃貸管理の目線で見ると、空室が長期化すると当然にオーナーさんからお叱りを受けるので、早々に家賃を下げるか、仲介会社さんが決めやすいように募集費用を出してもらうことになる。

物件販売や仲介の目線で見ると、コストがかさむ物件や賃料下落が著しい物件は紹介できなくなり、結果、オーナーさんは賃貸事業を発展させていくのが難しくなる。

これは賃貸不動産に関するあらゆる仕事に携わってきたからこそ感じる矛盾であり、ゆがみでした。

そんななか、不動産投資という言葉が一般的に周知されるようになり、さらには低金利や金融機関の積極的な融資姿勢も重なって、サラリーマンを中心に多くの不動産取引がなされるようになってきました。

それに伴って、不動産投資を始めた人のあいだで、「思った以上に空室が埋まらない」「入居が決まってもコストがかさんで結果的に収益が上がらない」「家賃は下がるばかりで持ち続けることが不安になってきた」等々、「こんなはずではなかった」というマイナス面の声を多く耳にするようになってきました。

将来のための私的年金や資産形成を目的とした不動産取引がますます増えるなか、人口減少や物件の過剰な供給などにより、賃貸不動産を取り巻く環境は厳しくなる一方です。不動産から収益を上げていくことは決して容易ではなく、常に市場を見ながら判断をしていかなければならないのです。

様々な考え方があると思いますが、不動産投資とは言い換えれば不動産経営です。本来、物件の価値を理解しつつ、長期的な戦略と視野をもって行うべきものであり、そこには税金の知識や市場動向の把握など、あらゆる知識と見解が必要になってくるのです。

当然のことながら、20年先の市場の動向を完全に予測することは不可能に近いですが、それだけに不動産投資のスタート地点でその物件が持つ力を認識し、それに沿って長期的な計画を立てることが重要になります。

私は、平成9年に福岡市内の賃貸仲介会社に営業マンとして入社し、数千人のお客様と接してきました。また、店舗の責任者という立場で間接的に接したお客様を含めると、その数は数万人にもおよびます。

ほぼ20年にわたり、賃貸管理や収益不動産の売買など賃貸不動産に関するあらゆることに携わりながら、経験を積み重ねてきたことになります。

現存する賃貸マンションやアパートの表面的な情報（入居率や家賃の推移など）だけではなく、数千人のお客様と実際にやりとりをした経験や店舗で蓄積しているデータをもとに、「お客様はお部屋のどのような点にどのくらいの魅力を感じるのか？」を体系的にお話しできるのが私の強みだと自負しています。

本書は、インターネット等で簡単に調査できる情報ではなく、仲介営業マンが提案しお客様とやりとりをした数万件にもおよぶ実体験をもとに、「適正な家賃を見極めることで健全な不動産経営が可能になるシステム」についてまとめたものです。

もちろん多少の地域差も変動もあると思いますが、ここ10年ほどは福岡以外の地域でも検証を繰り返してきたこともあって、基準を微調整することでいつでもどこでも十分に応用が可能であると感じています。

本書が少しでもアパート、マンションを所有するオーナー様の収益向上の一助になれば幸甚です。

平成29年4月

亀田征吾

プロローグ

まずは、賃貸仲介会社に勤務するAさんの体験談をご紹介しましょう。

1つの物件の評価が時代の変化とともにどんなふうに変わっていったか、感じ取っていただけると思います。


ひと昔前のお話。

お風呂とトイレが別々の物件が今ほど当たり前でなく、それだけで家賃が高くとれる時代に、周りの物件と比べてリーズナブルな家賃設定の「お風呂・トイレ別」の物件がありました。

その物件は退去の予定が出て募集を開始すると、3日以内に次の入居者が決まるほどの人気ぶり。放っておいても家賃が入る優秀な物件でした。賃貸仲介会社に勤務する新入社員のAさんはその人気物件を何とか自分でもお客さんに紹介したいと思い、大家さんに挨拶にいきました。

Aさん「こんにちは。○○不動産のAと申します。大家さんの物件に空く予定はありませんか？　もし退去予定があれば紹介させていただきたいのですが」
大家さん「すみませんねぇ。今、空く予定はないんですよ」
Aさん「今度、空くことがあったらぜひ紹介させてください」
大家さん「おたくとは今まで付き合いが一度もないですよねぇ。私の物件はあまり色々な不動産屋さんに取り扱ってもらいたくないんだよね。そうしなくても入居者はすぐ決まるし」
Aさん「そこを何とかお願いできないでしょうか」
大家さん「う～ん……あっそうだ！　私が経営しているコンビニでクリスマスケーキの予約を始めたんだけど、ケーキを買う店は決めてる？」
Aさん「いえ、決めていません」
大家さん「それなら、ぜひ予約してよ。これも何かの縁だし。これから付き合いがあるかもしれないからね。その辺のケーキ屋さんよりおいしいよ」
Aさん「分かりました。では1つ注文しますので、よろしくお願いします」
大家さん「社員さんで他に買う人いないかな？」
Aさん「はい、社に戻って確認してみます」

とは言ってみたものの、新入社員であるAさんは先輩社員に言い出せるはずもなく、結局、自分で3つのケーキを注文したのでした。
それから数か月後、繁忙期の到来です。空く予定が1部屋くらいはあるだろうと、Aさんは例の大家さんに電話をかけました。

Aさん「こんにちは。〇〇不動産のAです。大家さんの物件に空く予定はありませんか?」
大家さん「ああ、このあいだケーキを買ってくれたAさん。昨日、入居者から退去の連絡が入ったんだけどねぇ。今日、B不動産が次の入居者を決めてくれたよ。また空くと思うのでちょくちょく連絡してよ」
Aさん「分かりました。その時はよろしくお願いします」

それから数年後……。営業マンとしての経験を積み、この大家さんからの信頼を得て物件を紹介できるようになっていたAさんは次のようなやりとりをしていました。

Aさん「今、大家さんの物件を紹介していまして、お客様から家賃の交渉ができないかと言われているのですが、いかがでしょうか?」
大家さん「う〜ん。断ってくれる?　下げなくても別の人で決まると思うし……」

Ａさん「分かりました。お客さんを説得してみます」

お客さんに納得してもらったＡさんは、入居申込書を大家さんにＦＡＸで送りました。

Ａさん「先ほど入居申込書をＦＡＸで送ったのですが、届いていますでしょうか？」
大家さん「はい、届いてますよ」
Ａさん「勤務先も大手ですし、勤続年数も長いです。保証人はお父様になっておりますので問題ないと思います。入居は1か月後を希望されています。進めてよろしいでしょうか？」
大家さん「入居が1か月後？　ちょっと先だなあ。もう少し早くならない？」
Ａさん「今お住まいのところが1か月前の退去予告になっていまして、家賃が二重に発生してしまうので1か月後しか引越しができないということなんですが……」
大家さん「分かるんだけどね～。でも、実際もう少し早く入居してくれる人が他にいると思うんだよね～。それだったら断ってもらうかな～」
Ａさん「そこを何とかお願いできませんか？」
大家さん「う～ん。でもＡさんからの話だからね～。よし、だったら**早く住まなくてもいいから10日後からの契約にしてそこから家賃をもらえるように**話をしてくれない？　それがダメだったら次の入居希望者を待つよ」
Aさん「分かりました……お客さんに話をしてみます」

大家さんの回答に頭を抱えながらも、Aさんはこのことをお客さんに伝えました。

Aさん「……ということで入居に関する承諾をいただいたのですが、契約だけは10日後にしてほしいとのことでした」
お客さん「え〜。でも実際に私はその日から住めないんですよ。それでも家賃を住む前から払わないといけないんですか？」
Aさん「そこは、私も大家さんを説得してはみたのですが……何しろ人気物件なので早く入居してくれる人を優先したいという意向があるようで……」
お客さん「そうですか……確かにお風呂・トイレが別でこの家賃はなかなかないですしね。そこは私が譲歩するしかないのでしょうか？」
Aさん「確かに周りの物件と比較して3000円くらい安いですしね。2年間は住むとして考えると、元はとれるかもしれないですね」
お客さん「なるほど。そう考えることにします。その条件でよろしくお願いします」

それからさらに数年後……時は不動産のミニバブル。新築のアパートやマンションも増加傾向にあります。Aさんは数店舗を統括するマネージャーになっていました。

スタッフB「いらっしゃいませ〜」
大家さん「突然すみません。〇〇マンションを所有している者ですけど、空室があるのでぜひ紹介してもらえないでしょうか?」
スタッフB「少し家賃が高めの設定のようですね。下げられたりはしないでしょうか?」
大家さん「必要なら言ってください。できる限り対応します。それから他の不動産屋さんで、今は入居時の契約費用が安くないと入居が決まらないと聞いたのですが、本当ですか?」
スタッフB「はい、今は敷金・礼金0は当たり前ですね。それに、フリーレントを1か月〜2か月にすることも最近では多いですね」
大家さん「フリーレントってなんですか?」
スタッフB「はい、**入居しているのにその期間は家賃をもらわない**ことです」
大家さん「そうですか。フリーレントで入居が決まるのであれば遠慮なく相談してください。対応しますので。しかし、**ひと昔前は入居はしなくても家賃をもらえていた**のになぁ。そのときはAさんに大変お世話になってね。異動されたと聞いてたけど、お元気にしておられます?」
スタッフB「はい、統括マネージャーになっていまして、今日はちょうど店に来ています」
大家さん「そうですか！　良かったら挨拶をさせてもらってもいいですか?」
スタッフB「はい。それでは呼んできますね」
Aさん「大家さん、ご無沙汰しています。お元気そうでなによりです。今日はどうされましたか?」
大家さん「本当に久しぶりだねぇ。いや、ウチの物件に空室があるんだけど、なかなか決まらなくてねぇ。紹介のお願いに来たところだよ。Aさんからもスタッフのみなさんに言ってもらえないかなぁ」
Aさん「はい。全スタッフに伝えます」
大家さん「ありがとう。よろしくお願いしますね。それからこれ、私が経営しているコンビニのケーキ。ちょうどクリスマスだからみんなで食べてください」
Aさん「ありがとうございます。えっ、3つもいただいていいんですか?」
これは、ある営業マンが実際に体験した話です。
ひと昔前はあんなに人気があって空いたらすぐに次の入居が決まっていた物件が、フリーレントも検討するような状況になっています。でも、物件自体は築年数が経過したこと以外は何も変わっていません。

いったい何が起きたのでしょうか？

その謎をこれから探っていきましょう。

第1章　空室対策の常識を疑ってみる

●家賃について疑問に感じていたこと

不動産屋を訪ねてこられたオーナーさんとやりとりをしていると、建設予定のマンションなどの家賃相場を尋ねられたり、建設中のアパートの入居者募集を頼まれたりすることがよくあります。そうしたときの会話で気になるのは、オーナーさんたちの意識がどこに向けられているのか、という点です。例えばこんな感じで会話は進みます。


「今度、A町に1Kのマンションを建築する予定で、家賃相場を教えてほしいのですが」

「A町だと6万円くらいでしょうか」

「6万円ね……でも、それは一般的な建物の場合ですよね。今回、計画しているマンションはエントランスを大理石張りにするつもりなんですよ。ここまでこだわっている物件は他にないと思うので、あと2000円くらいとれますよね。募集は御社にお願いしますから」

「うーん……そうですね……問題ないとは思うのですが……」

「御社の営業力だったら何とでもなりますよ！」

それから数か月後……今度は別のオーナーさんからこんなふうに聞かれます。

「今度、B町に1Kのマンションを建てる予定がありまして、6万5000円平均の家賃で考えているのですが、いかがでしょうか？」

「少し高いような気がするのですが……」

「でも今、A町に建築中のマンションは6万2000円で御社で募集していますよね。その物件と比べると、今度計画している物件はエントランスはもちろん大理石張り、オートロックは指紋認証、浴室にテレビもついてるんです。6万5000円でも安いでしょう？」

「はあ、そうですねえ……」

嘘のようなお話ですが、これは私が賃貸仲介の営業をしていたときに日常的に行われていた会話です。

こうした会話からも分かるように、オーナーさんは既存のマンションを基準にして、自分がよりよいと思うものを作りたいと考えます。その結果、どのような部屋にすれば入居者さんのニーズに実際に応えることになるのかは、二の次になってしまいがちなのです。

オーナーさんとのやりとりで痛感するのは、賃貸不動産を供給する側と実際に物件を紹介する側では、物件評価の仕方が違っている、ということです。

賃貸不動産を供給する側、つまり新築物件を作るオーナーさんや、リフォーム・リノベーションをしてバリューアップをしようとする側、管理会社として様々な工夫をして空室を埋めようとする側は、プロダクトアウト（作り手がいいと思うものをつくる）の考え方で物事をとらえます。ですが、実際に物件を紹介する側は、マーケットイン（お客様のニーズに合わせて商品を提供する）の考え方で物事をとらえているのです。

モノを作る側と売る側では見ているものが違う、というのはどんな業界でも起こりがちなことで、そのギャップをある程度埋めていくことが必要になります。それは、作り手と売り手の考えが合致していないと売上げが伸びないのに、相反関係にあることが少なくないからです。

しかしながら、先ほどの会話からも想像できるように、近隣の物件がこういう仕様だからなどというように、表面的な事実や根拠のない感覚だけで家賃が曖昧に決められることも珍しいことではありません。それは、誰が悪いとかではなく、**何を基準に家賃を設定するのが良いのか、明確なものさしがない**からではないかと私は思うのです。

最近では勉強熱心な大家さんや不動産会社が入居者ニーズについて、不動産の収益を上げるために日々研究し、試行錯誤を繰り返しながら一生懸命頑張っておられる姿を多く目にするようになりました。

しかしながら、首都圏や政令指定都市で人口が増加しているなどの好要因が背景にあったとしても思ったほど家賃収入を得られずにいる方も多く、一方で人口が減少傾向にあり入居者対象が限られる地域であっても予定どおり家賃収入を得ている人もいるわけです。

いったいこの差はどこから生まれてくるのでしょうか？

●ネット検索で出てくる空室対策は有効か

不動産の収益を上げるには、「家賃収入を増やす＝空室をなくす」ことが必要です。「空室対策」というキーワードでネット検索すると、成功事例を紹介したホームページや書籍が多数出てきて、みなさんがいかに知恵を絞っているかが分かります。例えば、

・アクセントクロスで印象を変える。
（オレンジや黄緑などのビタミンカラーやナチュラル系など）
・ＩＫＥＡやニトリなどの照明器具や小物を設置、内覧客に手書きＰＯＰでアピールする。
・家具を入れてモデルルーム化する。
・フリーレントをつける。
・大家さん自身が物件資料をつくって繰り返し不動産会社を訪問する。

といったアイディアが多く書かれています。

客観的に見て確かにどれも有効だろうと思いますし、実際に試して手ごたえのあった方法なのでしょう。サラリーマン大家さんであれば、本業があるなか、そうした努力をされているのは本当にすばらしいと感じます。ただ残念ながら、こういった空室対策を積極的に取ってみても、空室が埋まらないという声が聞かれるのも事実なのです。

私は仕事柄、全国各地で多くの大家さんと話す機会があります。そのなかで次のようなご相談を受けることが少なくありません。

「アクセントクロスを取り入れて、人気家具店のアイテムも設置して印象を変えたんですけど、2か月たってもまだ入居者が決まらないんです」

「いろいろ手を打っても空室が埋まらないので、管理会社さんからリノベーションをして入居者層を広げましょうという提案をもらっています。リノベーションの費用は数百万円かかるようです」

「空室改善のためには物件の外観も大事だということで、さらに、外壁やエントランスの高額な改修工事を提案されています」

「自分で物件資料をつくって何度も不動産会社さんを訪問しています。どの会社も頑張ります！　と反応は良いのですが、その後の内覧の問い合わせがないままです」

「不動産会社さんに念押しの訪問をしたんですが、手数料を増やしてもらえたら（管理を任せてもらえたら）募集にさらに力が入ります、と言われました」

こうした声を予想以上に多く耳にします。

なぜ、実績もあり、成功するはずの空室対策がうまくいかないのでしょうか？

答えは簡単です。方法が間違っているのではなく、**何を基準にしてその方法で対策を行うのかが明確ではない**からです。

●収益が上がらない5つの理由

収益が上がらないということはつまり、空室期間が長いか家賃が下がったことを意味します。そこで大家さんは収益を上げるために空室対策に奔走するわけです。

しかしながらすでに述べたように、まず目的を明確にしないと、休日に一生懸命動いたとしても成果が出ないケースが多いのです。そこで、なぜその物件は入居が決まらないのかを知ることが重要になります。

入居が決まらない主な理由としては、次のようなものが挙げられます。

①家賃に問題がある。
②契約（募集）条件に問題がある。
③物件が不動産会社の営業マンに知られていない。
④物件は知られているが、紹介（案内）されていない（物件のイメージが悪いなど）。
⑤管理会社の対応に問題がある。

その他の要因もあると思いますが、一般的に考えられるものはこれでほぼ集約できます。1つずつ見ていきましょう。

①家賃に問題がある

入居者となりうる人は何を基準に家賃が安い、高いと判断するのかがポイントです。安いと思われれば入居の確度も高まるでしょうし、高いと思われれば空室が続くでしょう。判断のしかたとしては、間取りや広さに対して高い、場所のわりに高い、設備のわりに高い、築年数のわりに高い、グレードのわりに高いなどが挙げられます。

多少とも家賃を下げることで長期化していた空室が解消されることもあります。

②契約（募集条件）に問題がある

地域によって差があるとは思いますが、お部屋探しの際に家賃や場所、間取りなどの一般的な条件に加えて、入居時の契約費用を10万円まで、20万円までというように提示されるお客様がここ7～8年の間に増えてきました。敷金・礼金をそれぞれ1か月で募集しているのであれば、どちらか一方を0にするだけで効果があるケースもあります。

また、管理会社によって異なりますが、敷金・礼金以外に賃貸契約を締結する際にかかる費用として、前家賃や仲介手数料、鍵交換費用、保証費用などがあります。鍵交換費用なし、前家賃不要（フリーレント）などの条件にすれば契約費用が軽減できることから、これも空室対策に有効的だと言えます。

③物件が不動産会社の営業マンに知られていない

ひと昔前は不動産会社によって取り扱う物件が異なるケースがあり、それぞれが扱う物件情報量は営業マンがすべてを覚えられるほどでした。しかし、供給が増え、限られた不動産会社に情報を出しておけば次の入居者がすぐに決まる時代は終焉を迎えました。

そのため、より多くの不動産会社が取り扱えるようにすることで紹介の頻度を高め、入居の確度を上げることが必須になっています。

不動産会社が取り扱う情報量は膨大に増え、すべての物件を把握している営業マンは激減したといっても過言ではありません。また複数の店舗展開を行っている不動産会社などは早ければ2年程度で店舗を異動することが多いのも、このような状況をつくった1つの要因とも言えます。よって不動産会社を訪問する際にも、物件を覚えてもらうための更なる工夫が必要になってきます。

④物件は知られているが紹介（案内）されていない

次の入居者を決めてくれるのは大半が不動産会社です。そのなかでも営業マンがどのように紹介してくれるかで、入居者となり得る人への伝わり方が変わってきます。つまり、営業マンが紹介したいと思う要因が可視化されていない→紹介されない→案内もない、といった悪循環に陥っていくのです。③と④の詳細については後述いたします。

⑤管理会社の対応に問題がある

これは物件に関するものではなく、募集の窓口である管理会社に対する営業マンの心理的なものとも言えます。代表的なものとして次のような場合があります。

・休日の対応が悪い……土、日、祝日の書き入れ時に空室の確認ができなかったり、鍵を借りることができなかったりして案内ができない。

・電話対応が良くない……資料を請求してもなかなか送ってくれない、面倒がられる（※

最近では仲介会社専用ページを用意し、いつでも間取りなどの資料を得られる環境を整えている管理会社も増えてきています）。

・入居審査が遅い……営業マンのなかには月あたり数十件の契約を抱えている人もいます。つまり少しでも早く契約業務を進めていかなければ仕事が滞り、次の営業にも支障をきたすようになるのです。

審査が数週間と長引けば業務に着手することができず、そのうえ待たされたあげく審査不可となった場合などはまた一から探し直しとなり、お客様が他の不動産会社に流れてしまうといったことが起こります。営業マンはこうした悪循環に陥ることを恐れるため、入居審査が遅い管理会社の物件は敬遠されがちです。

こうした理由のうち、当てはまるものが判明すれば、有効な手を打つことができます。

第2章　数字で見るマンション・アパート経営

●賃貸マンション・アパートは家賃が原資

賃貸マンションやアパートを購入・経営するうえで、誰もが指標とする判断軸の1つに利回りがあります。念のため確認しておくと、年間の満室想定家賃を不動産価格で除したものが表面利回りであり、そこから運営上のコストを控除して計算したものが実質利回りです。

例えば、年間の満室想定家賃が500万円、年間の運営コストが100万円、不動産価格が5000万円の場合、

500万円÷5000万円×100＝表面利回り10％
（500万円－100万円）÷5000万円×100＝実質利回り8％

となります（※話を単純にするために不動産取得時の諸経費などは含めていません）。

この数字は、5年前で考えると普通の利回り、現在で見るとやや高い利回り（※中古物

件の場合）といったところでしょうか。

退去がなく満室の状況が続くと表面利回りどおりの家賃収入が入り、さらに修繕費等が発生しなければ実質利回りどおりの家賃収入が入ることになります。しかし、当然ながら退去をする入居者さんがいれば空室になり、すぐに次の入居者が入る物件もあれば、数か月、場合によっては数年間も入居が決まらず、家賃を値下げする物件もあります。

不動産を購入するにあたり現金で購入される方はごく少数派で、金融機関から融資を受けて購入される方が大半です。つまり借入金を家賃収入で返済し、コストを控除して収益を上げるという観点で見ると、空室期間が長期化して収益の機会損失や家賃の下落などが拡大すれば、収益を上げるどころか家賃収入が借入返済額を下回る可能性さえあります。

結果、やはりキーワードは「家賃」になるわけです。表面利回りで言うなら満室想定賃料と実際の家賃収入のギャップを、実質利回りで言うならそれに加えて想定コストと実際のコストのギャップを、可能な限り縮小することが収益向上につながるのです。

●シミュレーションどおりにいかないことも

実際にあった例を見ていきましょう。

ある大家さんが不動産投資を始めるにあたって、1軒目の物件として買った戸数19戸のアパートです。

図2-1　ある大家さんが初めて購入した物件

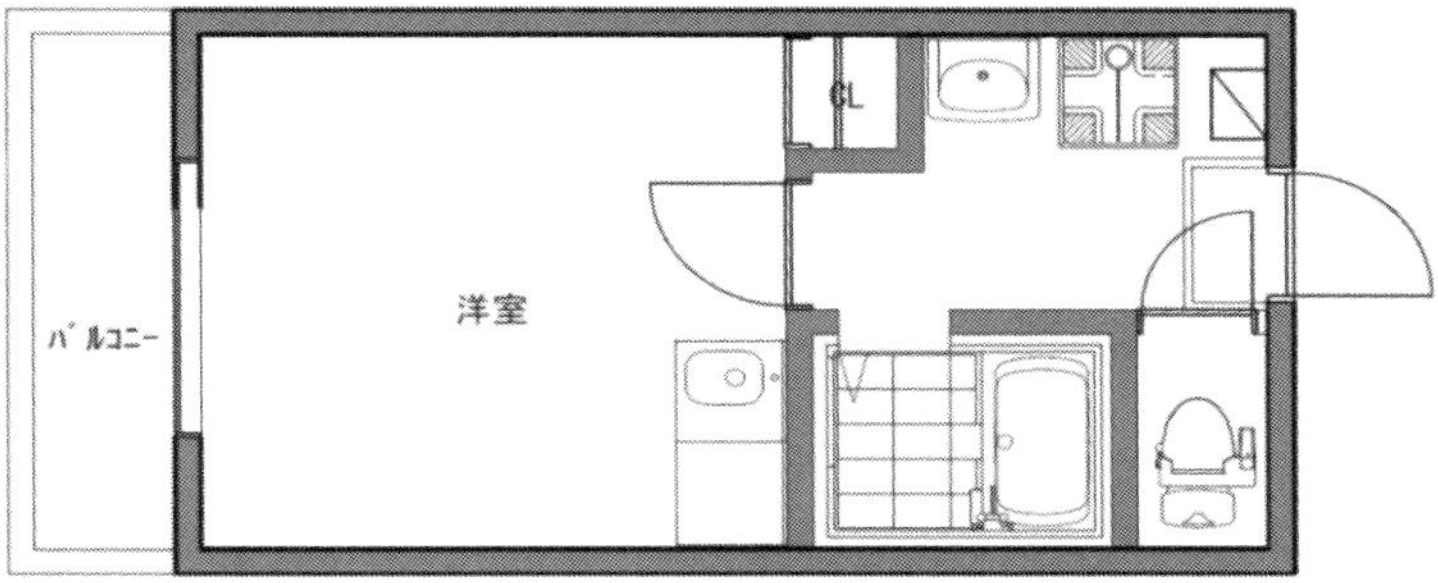

物件所在地：B県B市
周辺環境：最寄り駅まで徒歩11分
　B市の中心地にある駅まで5駅18分
構造：鉄筋コンクリート造4階建
築年：平成5年
間取り：1R（22㎡）
家賃：3万5000円〜3万8000円
総戸数：19戸
空室状況：3戸空室
物件価格：6200万円
表面利回り：12・9％
購入時期：平成24年

　この物件の大家さんは日頃から調査することが大好きで、初めての不動産購入ということもあり、これまで以上にはりきって調査に力を入れていました。

調査を進めていくうちに満室想定家賃どおりに収入が入らない可能性があること、物件によって空室期間が異なること、長く住んでいる入居者さんが退去した場合に家賃が大幅に下がる可能性があることなどが分かってきました。

そこで大家さんは購入する前に、現在の空室数が地域の中で多いのか少ないのかを探っていきました。すると総務省統計局が行っている国勢調査による賃貸住宅の空き家率にたどりつきます。そこで見た当時のB市の空き家率は19・1%。総戸数19戸×空き家率19・1%＝3・6戸に対し、現在の空室が3戸でしたので地域では平均的な空室数であると判断しました。

次に大手ポータルサイトを使ってこの物件の周辺相場を調べることにしました。念のため、いくつかの他のポータルサイトでも調査するほどの丁寧ぶりです。最寄り駅から徒歩11分、専有面積が22㎡だったので、念のため徒歩15分、20㎡で検索。現状より悪い条件で検索することからもリスクヘッジを意識していることがうかがえます。

ひととおりポータルサイトを見終えたところで、大家さんが算出した平均家賃は3万7000円。現在、入居中の家賃が3万5000円~3万8000円であったことから、家賃も適正であると判断。それでも、リスクヘッジに余念がない大家さんの調査はまだ終わりません。

次に、新規に空室が出たらどのくらいの期間で入居者が決まるかイメージしてみました。

図2-2　購入時のシミュレーションでは207万円のプラス

《購入時シミュレーション》

満室時家賃収入 →	804万円
－空室損 →	40万円
実質家賃収入	764万円
－運営費	163万円
・管理料	40万円
・その他管理費	21万円
・清掃費	24万円
・募集時広告料	8万円
・内装費	5万円
・固定資産税・都市計画税	65万円
営業利益	601万円
－借入金返済	394万円
税引き前年間キャッシュフロー	207万円

お願いする管理会社の募集状況を2週間ほど見て、動きがなければ管理会社の許可をとって自分で資料をつくり、休日である日曜日に1日5件のペースで不動産会社を訪問し、1社あたり30分以上かけて熱く物件の説明をして歩く。それを3週間かけて実施する。ここまでに要する期間は5週間。

あとは訪問した不動産会社にこまめに連絡をいれながら徐々に物件の認知度を高め、3週間かけて申し込みが入る。そして1か月後には契約開始となり家賃収入が入ることになる。ここまでの期間は12週間、3か月。

自ら資料をつくり不動産会社を訪問することで、空室の長期化を避けることができる。そういう成功事例はあらゆるサイトで確認済みです。最後の仕上げとして、調査した内容と行動イメージをシミュレーションします。こうして算出された想定の実質利回りは9・69％、年間の税引き前収入は207万円。

ここまで計算して、「よし、いける！」と大家さんは購入を決断したのでした。

徹底した調査をした上で賃貸マンションを購入したこの大家さんですが、購入から1年後にはどのような結果になったのでしょうか？

事前に想定していた表面利回り12・9％に対して、実際の家賃収入から算出した表面利回りは10・7％で2・2％のギャップ、想定していた実質利回り9・69％に対して実際の実質利回りは6・66％で、3・03％のギャップが生じました。

図2-3　実際の収支はたった19万円のプラスに

《1年目の収支》

満室時家賃収入	804万円
－空室損	60万円（約6ヶ月間空室）
	80万円（4部屋が退去）

実質家賃収入	664万円
－運営費	251万円
・管理料	61万円
・その他管理費	21万円
・清掃費	18万円
・募集時広告料	56万円
・内装費	30万円
・固定資産税・都市計画税	65万円

営業利益	413万円
－借入金返済	394万円

税引き前年間キャッシュフロー　19万円

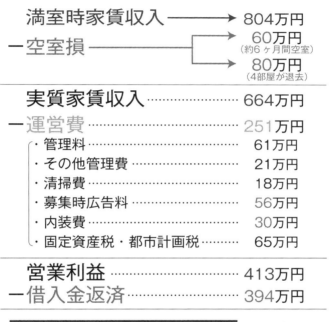

最終的に、年間の税引き前想定収入207万に対して実際の年間税引き前収入は19万円と、大家さんの予想をはるかに下回る結果となり、なんと188万円のギャップが生じたのです。なぜこれだけの大きなギャップが生まれたのでしょうか？

ギャップの要因①　地域の特性と需給バランス

購入前から空室であった3部屋について綿密に行動計画をたてた大家さんでしたが、実際には6か月間もの間、入居が決まらないままとなりました。そうしているうちに新たに4部屋が退去して空室になり、予想を超えた空室損が出てしまったのでした。

なぜそんな残念な事態になったのかと言うと、実は、この地域には大きな大学があり、生活環境は大学生を中心として形成されていました。つまり、専有面積が16㎡〜20㎡のワンルーム、大学生を対象としたマンション・アパートが乱立している地域です。そのため、家賃が安いとか、他の地域にない希少性が高い間取りといった特別な要因がない限り、単身社会人層からは敬遠される地域だったのです。

入居者対象はその地域にある大学の学生に絞られ、入学や退寮の時期を逃してしまうと1年近く空室になることも珍しくありませんでした。つまり、その地域の大学生向けの住居という需要に対してワンルームの供給が極端に多いという、**需給バランスの問題**がもともと存在し、このような結果を招く1つの要因となったのです。

図2-4　このワンルームの物件には問題点が

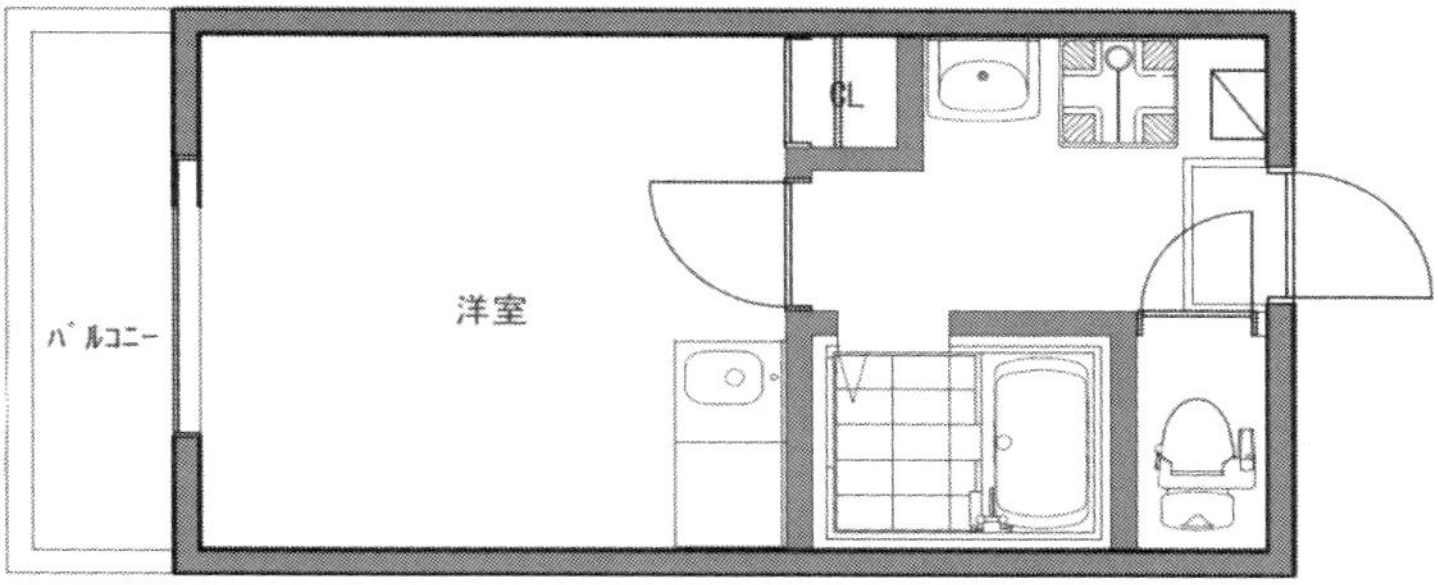

ギャップの原因②　間取りと家賃のバランス

当初の空室に加えて新たに退去が出たことで、焦った大家さんは管理会社に相談します。

すると管理会社からは、不動産会社に支払う成約時の広告料を増やして営業マンに対する紹介意欲を高めること、フリーレント最大２か月という特典をつけて大学生に魅力を感じさせること、という二つの提案を受けました。背に腹は代えられないと大家さんはそれを承諾し、少しずつ入居状況を改善していきました。ですが同時に、新たな退去が出たことで原状回復費用が発生し、二重の苦しみを味わったのでした。

この物件は不動産屋さんで案内はされていたにもかかわらずなかなか次の入居者が決まらなかったのですが、実は物件自体に重大なデメリットがありました。

間取り図をもう一度見てみましょう（図２－４）。

これを見てわかるように、この物件の間取りはお部屋のなかにキッチンがあるワンルームタイプでした。最近は自炊をする大学生も増えてきていますが、ワンルームタイプの部屋は、料理をすると匂いが居室に充満します。それにキッチン周りには物を置くこともできません。その分、6帖という限られた居住スペースはさらに狭くなります。

そのため、キッチンがお部屋の外にある1Kタイプと比べると、こうした間取りの物件は使い勝手があまりよくないと判断されてしまいがちです。その分、家賃が高く感じられたことが空室を長期化させたもう1つの要因となったのです。

大家さんの事前調査では現状の3万5000円~3万8000円は適正な家賃設定という判断でしたが、現実的には**間取りと家賃のバランスの問題**が潜んでいたのです。

ギャップ③　改善しない空室率

さらに、購入から2年目の話になりますが、1年目に苦労して入居者さんを入れる際に**空室を埋めることだけを優先**して条件を緩和してしまったため、1年未満での退去も出て振り出しに戻っていくという悪循環に陥ったのでした。

その結果、2年目も1年目と同様の高い空室率となり、日常的な不安感から精神的に疲れた大家さんはついに売却を決断したのでした。

●入居率の落とし穴

先ほどの事例で空き家率という言葉が出てきました。

先述したとおり総務省統計局が5年に1度、国勢調査を行っていますので、正確ではないにせよ、ある程度の数値を確認することができます。空き家率が10%だった場合、90%は入居しているということになります。

つまり、空き家率と相対するのが入居率です。

入居率を賃貸マンションやアパートを購入する際や所有物件の分析材料の1つとしている方は多いと思いますが、入居率はどこに軸を置くかによって次の3つに分けることができます。

①時点ベースの入居率
②稼動ベースの入居率
③家賃収入ベースの入居率

この3つを順に見ていきましょう。

①時点ベースの入居率

1年の終わりに入居率を振り返るとしましょう。締めとなる最終日、12月31日時点での総戸数に対して何戸入居しているかで入居率を算出します（図2－5）。

図2-5　時点ベースの入居率を計算する

$$\frac{\text{入居している戸数}}{\text{総戸数}} \times 100 = \text{時点ベース入居率}$$

例えば総戸数が10戸で、12月31日時点で9戸が入居していた場合、

9戸÷10戸×100＝入居率90％

ということになります。

この場合、仮に1月に2部屋退去があって入居戸数が7戸になったとしても、その部分は加味されないことになります。そのまま入居の動きがなければ実際の入居率は

7戸÷10戸×100＝入居率70％

となりますが、この変動的な要素は反映されません。これは賃貸マンション・アパートをスポットで見る、つまり**点で見る**ことに適した見方と言えます。

図2-6　稼働ベースの入居率を計算する

$$\frac{\text{総戸数}\times 365\text{日（1年間）}-(\text{退去数}\times\text{平均空室期間})}{\text{総戸数}\times 365\text{日（1年間）}}\times 100=\text{稼働ベース入居率}$$

②稼働ベースの入居率

時点ベースの入居率が点で見るのに対し、稼働ベースの入居率は年間の始まり（点）と年間の終わり（点）を結び、**年間の動き（線）で見る**ことに適した考え方で、年間で稼働が可能な日数に対して実際にどれだけ稼働したのかで入居率を算出します（図2－6）。

例えば、総戸数10戸、年間で3部屋が退去、3部屋の空室期間がそれぞれ30日、40日、50日だったとしたとき、

10戸×365日＝3650日……①

3戸×平均空室期間40日｛（30日＋40日＋50日）÷3｝＝120日……②

（3650日①－120日②）÷3650日×100＝入居率96・7％

これが稼働ベースの入居率となります。この場合、時点ベースの入居率と比べて数値が上がっていることに注目してください。

もし、みなさんが入居率の絶対的基準を95％と考えている大家さんだったとして、この物件の購入を検討していると仮定してみましょう。

図2-7　家賃収入ベースの入居率を計算する

$$\frac{\text{実際の年間家賃収入}}{\text{満室時の年間家賃収入}} \times 100 = \text{家賃収入ベース入居率}$$

その場合、この物件は時点ベースで見ると90％なので購入対象外となり、機会損失となる可能性があります。また管理を任せている不動産会社の評価をする際に、時点ベースで判断すると「成果を残してくれていない」と過小評価してしまうことにもなりかねません。

逆もしかりです。時点ベースで見て良いと思っていた物件が、稼働ベースで見ると実際にはそれを下回っていたりということが起こります。ですから、1つの数字だけを見て決断をすると、間違った判断をすることになりかねませんので注意が必要です。

③家賃収入ベースの入居率

時点ベースが**点**、稼働ベースが**線**で見るものであるのに対し、家賃収入ベースの入居率は**年間の収益性を面で見る**のに適した考え方で、満室時の年間家賃収入に対して実際にどれだけの家賃収入が入ったのかで入居率を算出します（図2－7）。

例えば、総戸数10戸、1部屋あたりの家賃5万円、年間の退去数が3部屋で空室期間はそれぞれ60日（2か月）だった場合、空室による家賃収入の機会ロスは

３部屋×５万円×２か月（空室期間）＝30万円……①

となり、満室時の家賃収入

10部屋×５万円×12か月＝６００万円

から①の30万円を控除すると実際の家賃収入は５７０万円となります（※実際には自分で計算しなくても、部屋ごとの年間収支は管理会社か不動産会社に言えばすぐに手に入ります）。

５７０万円÷６００万円×１００＝95％

これが家賃収入ベースの入居率ということになります。

これは利回りの考え方に近いもので、物件の良し悪しを判断する際には最も重要な考え方と言えます。家賃収入ベースで見ていることから、稼働ベースと組み合わせて見ることで収益を低下させている要因（時期によるもの、競合する物件が増えたなど）についての

図2-8　入居率は点で見て線でつなぎ、面で全体を俯瞰する

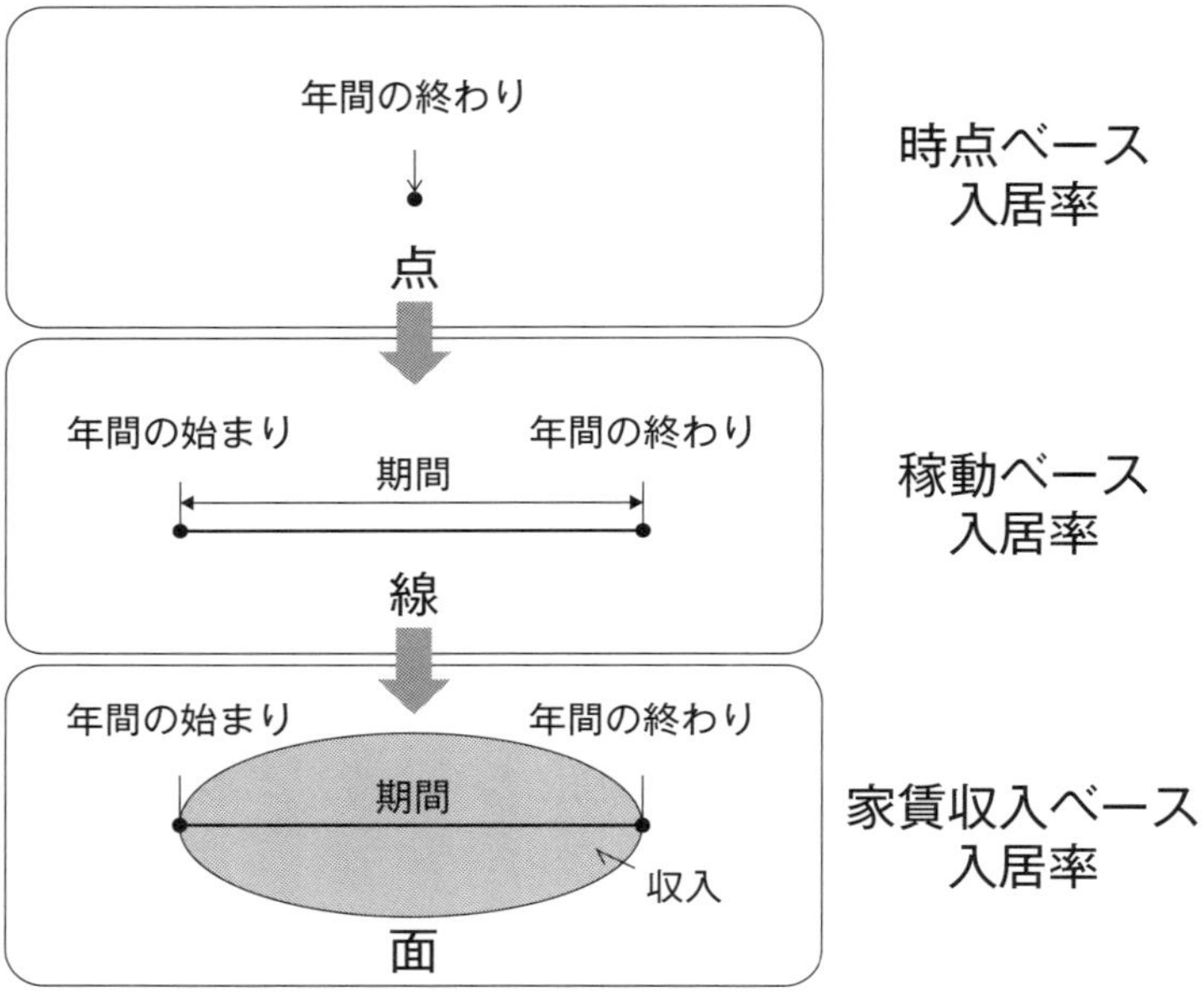

仮説が立ち、最終的に収益を向上させるための対策が立てやすくなります。

ここまでをまとめてみると、入居率を考える際には、**点で見て線でつなぎ、面で全体像を俯瞰する**ことが重要であることが分かってきます（図２－８）。

●家賃はなぜ下がるのか

家賃は基本的に、賃貸物件の需給バランスと連動しています。

例えばもし、ある都市全体の人口流入と流出のバランスがよく、新築の供給がなかったとしたら、おそらく家賃は下がらないでしょう。それは需要と現存

する物件数がイコールだからです。

では逆に、人口流入と流出のバランスが良い状態で賃貸マンション・アパートの供給だけが増え続けたらどうなるでしょうか？　当然モノ余りの状況になります。

そうすると新しいモノには高い価値がつき、古くなったモノの価値は下がります。つまり新築が増えるほど築年数が経過した物件は家賃が下がっていくのです。これが需給バランスと呼ばれるものです。

イメージを高めるために、ある地域の需給バランスの変化事例を見ていきましょう。

C県C市の郊外のある地域に十数年前、国立大学の移転が決定しました。C県全域に点在していた学部を1つに集約する目的です。それに伴って、新駅が開設されることになりました（※各地にある学園都市といったものをイメージしてもらうとわかりやすいかもしれません）。

すると、もともと田や畑が多く長閑だった町は区画整理によって整地され、駅の周辺には商業ゾーンができ、ショッピングモールやテナントビルなどがあっという間に立ち並び、街へと変貌していきます。

さらに国立大学の大学生による入居需要を見込んで賃貸マンション・アパートの建築が始まりました。このエリアの家賃の推移を見てみましょう（図2－9）。

①平成17年～平成19年……需要と供給はイコールであり入居は安定しています。新築の場合は竣工前に満室になります。また退去が出て空室になったとしても長期化することなく次の入居者が決まり、場合によっては退去する前に次の入居者が決定するケースも見受けられました。

②平成20年～平成22年……大学の学部移転が進み、大学生の入居需要に対し物件の供給が不足していました。結果、家賃相場が６０００円～７０００円上がりました（※テレビやＳＮＳなどで話題になった商品が一時的に入手困難になり、ネットの一部サイトなどで定価より高い値段で販売されているイメージを持つと分かりやすいと思います）。

③平成23年～平成25年……この地域の家賃相場が上がっていることに複数の不動産会社や建築会社が目をつけ、このエリアに特化して賃貸マンション・アパートを建築し始めます。すると需要に対し供給が大幅に増えていきました。結果、モノ余りの状況になったことから①の家賃水準に戻っていきます。

④平成26年～平成27年……③の時期に入居が安定しなくなったことから供給は急激に減少します。しかし十数年かけての大学移転は続いているため、今度はまた需要が供給を上

回り、家賃相場が③の時期と比べて３０００円程度上昇しました。この状況を受けて、再びこの地域の土地の取引や建築が活発になり始めます。

⑤平成28年〜……④の時期に計画されていた賃貸マンション・アパートが続々と竣工していき、再び供給が需要を上回ります。またまたモノ余りの状況になり、家賃相場が３０

図2-9　あるエリアにおける需給バランスと家賃の変化

①　平成17〜19年
［家賃］4.2〜4.3万円
需要＝供給

②　平成20〜22年
［家賃］4.8〜5.0万円
需要＞供給

③　平成23〜25年
［家賃］4.2〜4.3万円
需要＜供給

④　平成26〜27年
［家賃］4.5〜4.6万円
需要＞供給

⑤　平成28年〜
［家賃］4.2〜4.3万円
需要＜供給

00円ほど下がりました。

この時期の変化を大家さんの立場から見てみましょう。①の時期に賃貸マンション・アパートを建築された方は家賃の上昇、下降を経験しながら当初の水準に戻り、②の時期に建築をされた方は当初の計画より大幅に下がり、多少持ち直したものの再び下がっています。③の時期に建築をされた方は一時的に家賃が上がったものの元の水準に戻りました。そして④の時期に建築をされた方は当初の家賃から下落をしました。

共通して言えることは、どの時点においても大半が大学生による入居需要という事実に変動はなく、入学や学部移動の時期を逃すと空室が長期化する可能性を十分に秘めているということです。

こうやって見てみると、需給バランスによる家賃の変動こそが賃貸マンション・アパートを経営するうえでの一番の不安要素であることが分かり、そのリスクを考えると購入すること自体を躊躇しそうです。しかし、この家賃変動は平均的な数字であり事実の一面しか示していないこと、家賃が相場より高くとれている物件もあれば相場より低い物件も実在することを見逃してはいけません（※その理由は後述いたします）。

この実例から分かることは

・需要が供給を上回るときは、どのような物件でも家賃は上昇する。
・供給が需要を大幅に上回るときは、競争力のない物件の家賃が大幅に下落する。

ということです。

●サブリースと一般管理、どちらがお得？

不動産投資に興味を持っている人でも、ここまでを読むと不動産経営に不安を感じ、購入に二の足を踏んでしまいそうです。しかし資産形成を考えると購入はしたい。そうなるとサブリース（管理会社や建築会社が毎月固定の家賃で借り上げてくれる仕組み）をしてくれる会社の話を聞く、ということも選択肢の1つになりそうです。

今、何かと話題が多いサブリースはネガティブな要因が先行しているイメージですが、それは「急に契約を解除された」「契約解除してみたら半分以上が空室であった」「契約期間は長いが数年ごとに家賃の見直しが行われて家賃収入が大幅に減少した」などの話ばかりがフォーカスされているからでしょう。

私は一概にサブリースが悪いとは思いません。契約における当事者（所有者と転貸者）のどちらか一方が不利益を被る形になるから、先に挙げた行動につながり悪いイメージがつきまとってしまうのです。

逆に言えば、正しい家賃設定で正しい募集活動を行っていけばサブリース契約の当事者双方に利益が生じ、そこで初めてサブリース契約というビジネスが成立すると思うのです。サブリース契約は、募集家賃の80％～90％でサブリース会社がその物件を借り上げ、運営上のコストは所有者負担という形態が一般的です。最近では借り上げ率を調整することで運営コストは負担なしという形態も増えてきています。

満室稼動の場合は募集家賃の80％～90％と収益が下がりますが、空室が生じた期間でも家賃が入ってくるので、経営上の空室リスクを少しでも軽減させたい方はサブリース契約を検討してみるのもいいかもしれません。ただし、あくまで正しい家賃設定の場合に限ります。

また逆に、満室稼動時でも10％～20％の家賃が入ってこないわけですから、物件の運営に自信があり少しでも収益を上げたい方は、管理会社に5％程度の手数料だけを払って一般管理契約で進めていくのが良いでしょう。

第3章　家賃はどうやって決まるのか

●家賃にも含み益、含み損がある

含み益、含み損という言葉があります。これは株式や不動産など取得原価（買った価格）と比べて現在の時価は高いか低いかを示すもので、企業の資産等を見る際に使われます。

例えば、ある会社の株を1株1000円で買ったが今売ると500円でしか売れない場合、含み損を抱えていることになります。また5000万円で買った賃貸アパートが今売ると6000万円で売れるとなると、含み益があることになります。

家賃においても同様のことが言えるのではないかと私は考えています。

・募集している家賃より実際はもっと高く貸せる＝含み益
・募集している家賃は高めなので実際の家賃はもっと下がる＝含み損

さらに深く掘り下げて、運営コストを控除した手残りを考えてみると、

・想定していた運営コストよりも実際にはもっと軽減できる＝含み益
・想定していた運営コストよりも実際にはもっと多くかかる＝含み損

と考えることができます。このことを頭に入れて、ある地域に実在する３つの物件について見てみましょう（図３－１、２、３）。

物件①……洋室６帖の１Ｋタイプで幅１ｍ60㎝の収納があります。また当時では珍しかった独立した洗面脱衣所があるのが特徴です。洗濯機置き場は室内にあり、キッチンは２口のガスコンロを持ち込める１ｍ50㎝のタイプです。

物件②……洋室６帖の１Ｋタイプで幅60㎝の収納があります。お風呂とトイレは別ですが、洗面脱衣所はありません。また洗濯機置き場はバルコニーにあり、キッチンは１口のガスコンロしか置けない１ｍ20㎝のタイプです。

物件③……洋室６帖のワンルームタイプで幅60㎝の収納があります。お風呂とトイレは別ですが、洗面脱衣所はありません。また洗濯機置き場はバルコニーにあり、キッチンは１口の電気コンロが備え付けてある90㎝のタイプです。

図3-1　物件①

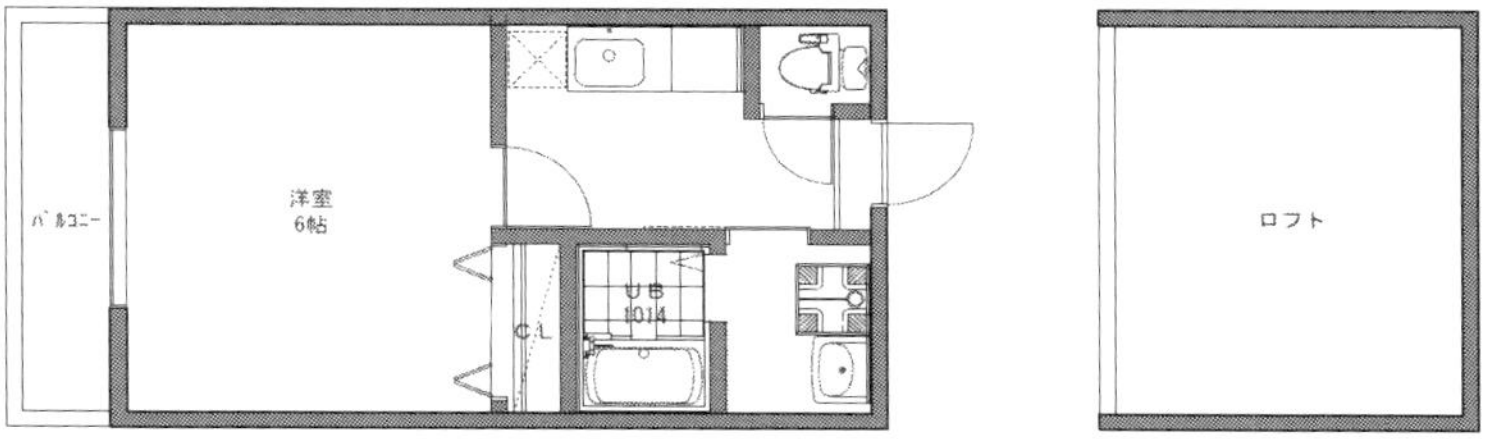

図3-2　物件②

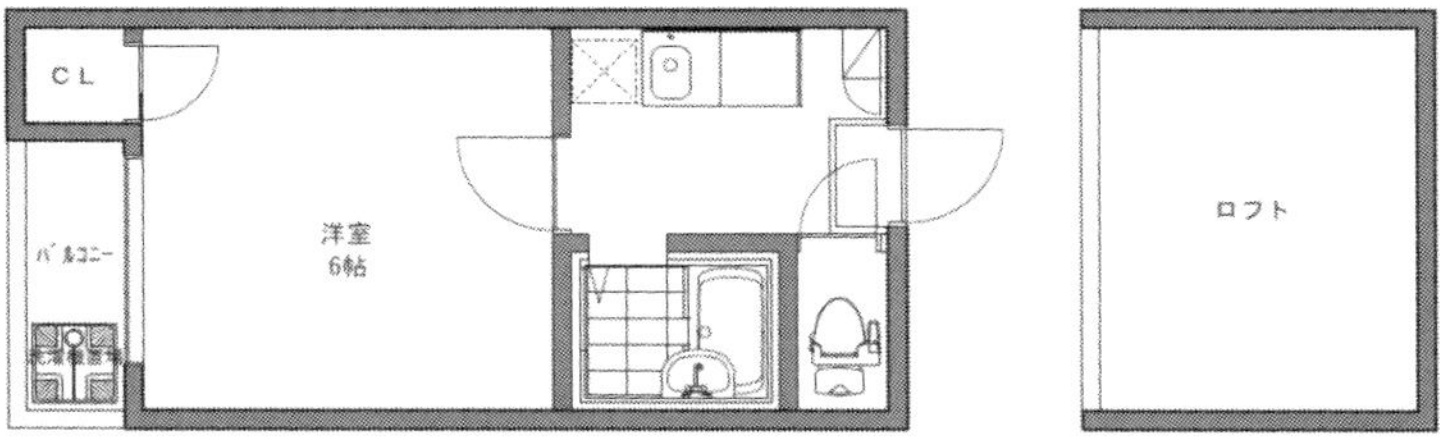

図3-3　物件③

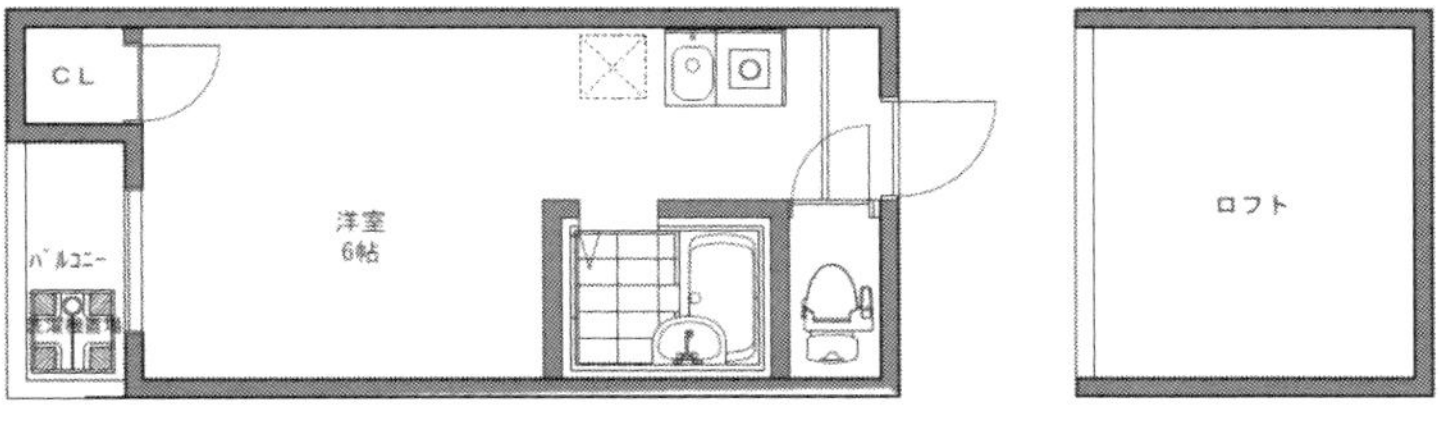

図3-4　3つの物件の家賃は20年で大きく差がついた

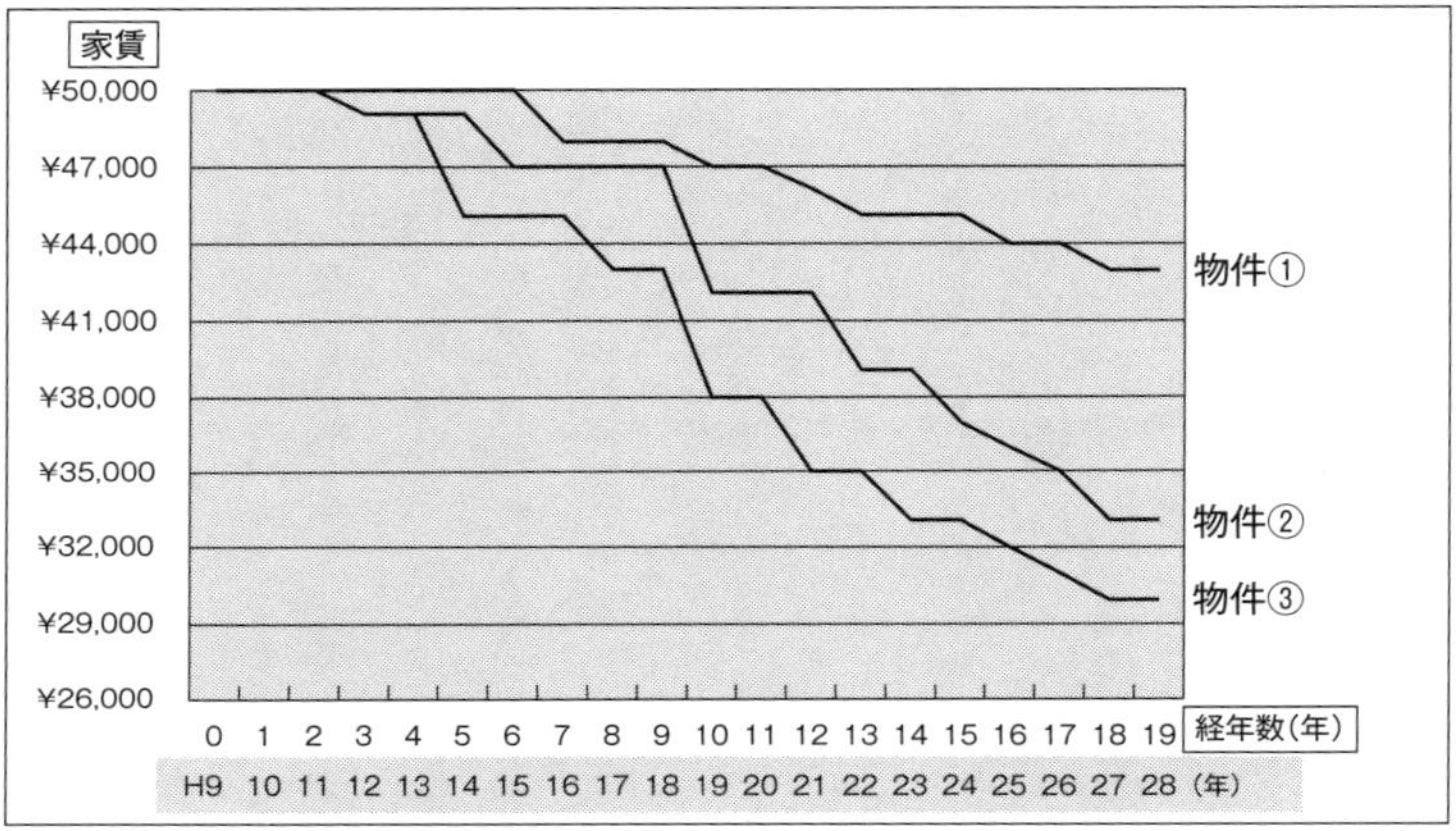

みなさんが借りるならばどの物件を選びますか？　①と答える方がほとんどでしょう。

実際、①がいちばん人気があるようで、同じ時期にほぼ同じ面積、同じ家賃でスタートした３つの物件は、図３－４のグラフを見ても分かるように20年間で家賃に大きな差がつきました。

①の現在の家賃が４万３０００円であるのに対し、②は３万３０００円、③は３万円と大きく下落しています。②と③は、①と比べて収納の大きさや脱衣場の有無、洗濯機置き場、キッチンなど見劣りする部分があり、その結果、家賃にも差がついたのです。

先述した、**供給が需要を上回るときは競争力のない物件の家賃が大幅に下落する**、というのは、このようなイメージです。

賃貸のポータルサイトで地域の築年数ごとの募集家賃を調べることはできますが、あくまで空室を掲載し入居者を募ることを目的とするサイトですので、その表面的な情報で家賃が適正かどうかを判断すると、すでに紹介した事例のように想定より収益が上がらないという結果を招いてしまいますので注意が必要です。

この事例をもう1つ別の見方で見てみましょう。

賃貸マンション・アパートを長期保有する際のシミュレーションでよく使われる考え方に、家賃の下落率を組み合わせ、将来の家賃を予測する手法があります。

これは経年劣化（築年数の経過）による家賃の下落率を示すものであり、大手ポータルサイトが過去の掲載データをもとに公表されているものです。地域差はありますが、一般的に人口の減少が極端に多くなく、新築供給が安定的に行われている地域の下落率は、平均すると1年あたり1％と言われています。

例えば、新築当初の家賃が5万円だとしたら、

2年目は5万円－（5万円×1％）＝4万9500円
3年目は4万9500円－（4万9500円×1％）で4万9000円

となります（※分かりやすくするために10円以下の端数は切り捨てています）。

図3-5　家賃のグラフに年1％の下落率のラインを重ねると

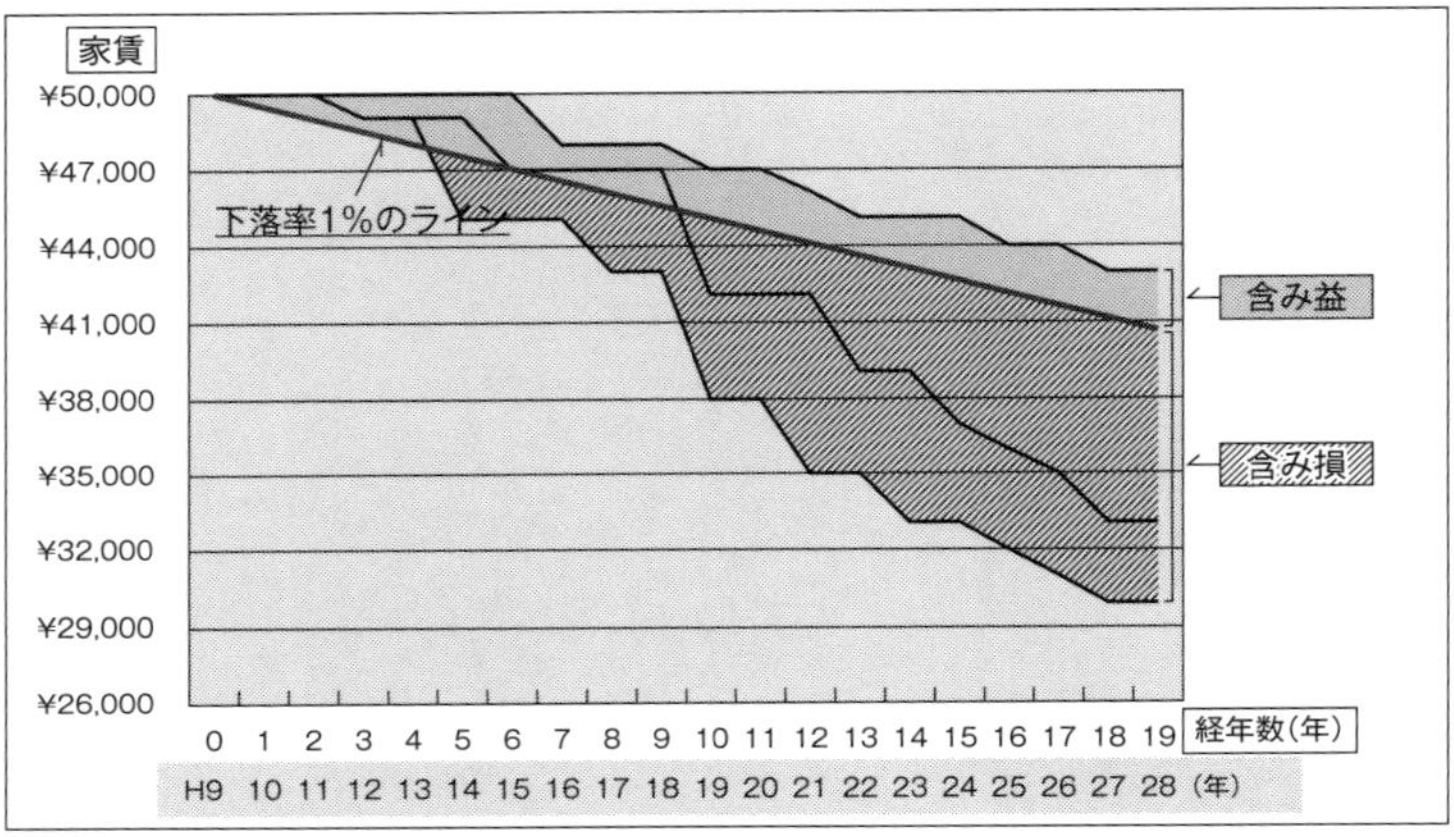

11年目は4万6000円－（4万6000円×1％）で4万5500円
16年目は4万3500円－（4万3500円×1％）で4万3000円
21年目は4万1300円－（4万1300円×1％）で4万800円

といった計算結果になり、20年後には新築当初から約20％下落するという考え方です。

この下落率を先ほどのグラフに書き加えてみるとどうなるでしょう。

隠されていた含み益と含み損が浮かびあがってくるのです。

図3－5を見て分かるように、経年による下落率のラインを上回る①は含み益のある物件、このラインを下回る②と③は含み損を抱えてい

る物件ということになります。

物件に含み益があるか含み損を抱えているかを知るには表面的なデータだけでは十分ではなく、お部屋のどこに高く貸せる要因があるのか、家賃を下げなければならない要因があるのかなどを詳しく知る必要があるわけです。

●不動産評価の3つの方法

不動産の価値を評価する方法として一般的に次の3つが用いられます。

①原価法……土地と建物の原価を算出することで物件を評価する方法です。

土地の価格：国税庁の相続税路線価、市町村の固定資産税路線価、国土交通省の公示価格、都道府県の基準地価などの価格に対して土地の形状、接道状況などを加味し、それを補正しながら評価します。例えば、路線価が20万円／㎡、土地面積が100㎡で補正要素がない場合の土地の価格は

20万円／㎡×100㎡＝2000万円……A

となります。

建物の価格：再調達価格×延べ床面積×（残耐用年数÷耐用年数）で算出します。
再調達価格とは今、その建物を建築した場合に価格はどのくらいになるか？　を示すものです。地域や金融機関によって多少異なりますが、

・鉄筋コンクリート造……20万円／㎡
・重量鉄骨造…………18万円／㎡
・軽量鉄骨造…………15万円／㎡
・木造……………………15万円／㎡

といった数字が1つの目安となります。

次に残耐用年数÷耐用年数で建物の残価率を算出します。建物の構造によって法廷耐用年数が次のように定められています。

・鉄筋コンクリート造……47年
・重量鉄骨造…………34年
・軽量鉄骨造…………27年
・木造……………………22年

例えば、築年数が11年で構造は木造、延べ床面積が200㎡の場合、

15万円／㎡×200㎡×（22年－11年）÷22年＝1500万円……B

となります。

ここで算出した土地の価格Aと建物の価格Bを合わせた3500万が原価法による評価になります。これは積算価格と呼ばれるもので、金融機関が融資を検討する際に用いられる方法です。少額の自己資金でのローンや、自己資金ゼロでいわゆるフルローンが組めるケースは不動産の価格が積算価格を下回る場合に多く見受けられます。

②収益還元法

不動産から将来得られる家賃などの収益を現在のキャップレート（利回り）で除したものです。年間想定家賃を不動産価格で割って算出した利回りは物件を判断する指標の1つとして使われますが、収益還元法では年間想定家賃を利回りで割って不動産価格を算出します。

例えば、年間想定家賃が350万円で現在の市場の利回りが7％であった場合、

３５０万円÷７％＝５０００万円

が不動産の価格となります（収益還元法は、実際には直接還元法とＤＣＦ法に二分されますが、分かりやすくするためにここでは割愛します）。

収益還元法は、現在では金融機関が融資を検討する際に、原価法と同等の位置づけで使われる評価方法となっています。

③取引事例比較法

不動産と同じエリアで取引きされた成約価格を参考にして評価する方法です。主に家賃等の収益がなく自ら住む目的で取引きされる不動産に対して評価する方法ですので、家賃等の収入を目的とする賃貸マンション・アパート等に使用されることはあまりありません。

３つのうち、もともと一般的に使われていたのは原価法ですが、今では収益還元法による評価も主流になっています。収益還元法の根幹は家賃ですから、原価法と同じく家賃にも基準を法律で定めて物件に応じて評価し、利回りを確認すべきだと私は考えています。

それでは、家賃はどのようにして評価すればいいのでしょうか？

●家賃を評価するうえで絶対にやってはいけないこと

家賃相場を調べるうえで多くの人が必ず行っていることは、ネットでの検索です。つまり、LIFULL HOME'S（homes.co.jp）、at home（athome.co.jp）、SUUMO（suumo.jp）などの賃貸ポータルサイトに同じエリア、間取り、駅からの距離、築年数などを入力し、募集されている家賃や敷金・礼金などの募集条件を確認するといったことです。

それに加え、最近ではより緻密にポータルサイト等に掲載されているすべての物件を対象とし、その地域の間取りの平均㎡（専有面積）単価や坪単価を割り出して、調査したい物件の専有面積に乗じて算出をされている方も多いようです。

例えば、間取りが１K、その地域の平均家賃が５万円、平均㎡数（専有面積）が20㎡だったとします。その場合、

５万円÷20㎡＝平均㎡単価２５００円

となります。調査したい物件の㎡数（専有面積）が25㎡だったとすると、

25㎡×平均㎡単価２５００円＝６万２５００円

がこの物件を貸す場合に得られる家賃である、とする考え方です。

これは一見、論理的で正しいようにも見えますが、**厳密に言うと間違っている**のです。

世の中の賃貸マンションやアパートがすべて同じ立地で同じ間取り、同じ設備であればこの計算式は正しいと言えるのでしょうが、賃貸マンション・アパートも人間と同じで、個性があり、特徴もあります。

例えば、25㎡の空間があったとしたら間取りは1Kだと思いますが、広さが8帖の部屋をつくることもできれば6帖の部屋をつくることもできます。

①お部屋の広さが8帖で5万円
②お部屋の広さが6帖で5万円

この2つの部屋があった場合、あなたならどちらの物件を選びますか？

大半の方が①を選ぶのではないでしょうか？　②は何となく損した気分になり、家賃が高いと感じるのではないでしょうか？

次に収納の大きさです。例えば次の2つで考えてみましょう。

①お部屋の広さが6帖、収納の幅が1m80㎝（畳約1枚分）で5万円
②お部屋の広さが6帖、収納の幅が90㎝（畳約0・5枚分）で5万円

この場合、どちらの物件を選びますか？

こちらも大半の方が①ではないでしょうか？　お部屋は収納の大きさで使い方も変わってきます。②は収納が小さくお部屋が使いづらいといったイメージを持ってしまいます。

最後に水回りです。次の2つではどちらを選びますか。

①お部屋の広さが8帖、お風呂とトイレが別で5万円
②お部屋の広さが8帖、お風呂とトイレが一緒で5万円

さすがに②を選ぶ人はいないと断言したいですが、大半の方は①ではないでしょうか？

このように、物件にはそれぞれメリットとデメリットがあり、その特徴によって入居者さんは選び、借りて家賃を払ってくれるのです。そういったことから考えても、ポータルサイト等で見る表面的な家賃や㎡数（専有面積）だけで家賃を算出する方法は正しいとは言えず、物件の内容を見て判断する必要があります。

これから賃貸マンションやアパートを購入しようとされている方、リフォームやリノベ

ーションをしてバリューアップを検討されている方が、もしこのような計算方法で家賃を算出しているのであれば、もう一度、家賃に対する考え方を見直した方が良いかもしれません。

●東京の流行は地方で受け入れられるか？

一般的にファッションや食べ物といった生活に関連するものやビジネススキームなど、東京で流行したものは3年～5年で地方に波及すると言われていました。しかしながら昨今ではSNSの普及もあり、特に生活に関連するものは情報スピードが速く、半年～1年でその波が地方にもやってきます。

賃貸マンション・アパートにおけるデザインや設備、募集方法（シェアハウスや猫飼育可、音楽が演奏できる防音マンションなど）も例外ではありません。しかし本当に、東京で流行したものが確実に地方で流行するのでしょうか？

ある地方でのお話をしましょう。

東京在住のAさんは、D県D市でマンションを建築する計画をたてていました。Aさんの実家があるD市でお父様が所有するアパートが古くなったので、相続対策も兼ねて解体をして新たにマンションを建築しようというものです。建築後の管理は今のアパートの管理をしている不動産会社さんに引き続きお願いしようと考えていました。

将来的には自分が引き継ぐ物件ですから、Aさんはどうしても東京で流行している要素を今回の計画に組み込みたいと思っていました。そこで知り合いの伝手で賃貸マンションやアパートの企画に実績豊富なコンサルタントの方を紹介してもらいました。最近では古い物件をリノベーションし、バリューアップすることなどを手がけていたことが決め手でした。

数か月間の打ち合わせの末、出来上がった企画はAさんの納得のいくものとなりました。

コンサルタント「それではAさん、設計士との契約を進め、建築確認申請を提出しようと思いますが、よろしいですか?」

Aさん「基本的にはこの計画に納得していますが、家賃設定も含め管理をお願いする不動産会社に最終的な報告と相談をしようと思います。それからでよろしいですか?」

コンサルタント「あまり時間もありませんのでなるべく早めにお願いしますね」

Aさん「分かりました」

Aさんは休日を利用して実家であるD市に戻り、マンションのイメージパースや設計図面をもって不動産会社を訪問しました。

Aさん「こんにちは。いつも電話ばかりですみません。以前からご相談していたアパートを壊してマンションを建てる計画の件ですが、諸々まとまりましたので家賃を教えていただこうと思いまして」
管理会社「そうですか。確か東京のコンサルタントの方にお願いされたんですよね」
Aさん「はい。そうです。納得のいくものが出来上がりました。どうぞご確認ください」
管理会社「ありがとうございます。うわぁ。すごくおしゃれな外観ですね。これはひときわ目立ちますよ」
Aさん「そうですよね。私も大変気に入っています」
管理会社「最後に間取りを見せてください。専有面積が33㎡で広めですね。しかし……この間取りは大変、変わっていますね。広いワンルームタイプですか？」
Aさん「そのようです。東京では広いワンルームにしてラグジュアリー感を出すことが流行のようです。キッチンもアイランド型を採用するとかで」
管理会社「う〜ん。これはちょっと厳しいかもしれないですね。これだけの専有面積があれば、もっといい間取りがつくれると思うのですが」
Aさん「D市にはあまりない間取りだとは思うのですが、先々、私が引き継ぐことになりますので、数年先まで価値が下がらない物件をつくりたいと思いまして。東京で流行したものは必ず地方にもやってくると言いますしね」
管理会社「そうですか。……私も長く賃貸に携わっていますが、何年たってもこのワンルームタイプは人気がないんですよね」
Aさん「困ったなあ。……もう一度コンサルタントの方にも相談してみますよ」
管理会社「よろしくお願いします」

相談してみると言ったAさんでしたが、どうしても納得できず、その足で近くの不動産会社を訪問して意見を聞いてみることにしました。しかし、回れど回れど「厳しいかもしれない」という声ばかり。Aさんはコンサルタントに改めて相談することにしました。

Aさん「……ということでこの間取り、D市では厳しいみたいなんです」
コンサルタント「理解できないなぁ。まぁ地方では東京の流行を肌で感じることはできないから、イメージが湧かないのかもしれませんね。私が直接、説得してみますよ」
Aさん「よろしくお願いします」

コンサルタントはD市の管理会社に電話をかけ説得を試みました。

コンサルタント「はじめまして。Aさんのコンサルティングを行っているBと申します。間取りの件でAさんからお話をお聞きしました。これでは厳しいというお話でしたが」

管理会社「大変申し訳ないのですが、D市ではちょっと厳しいかと」

コンサルタント「何がダメなのですか？」

管理会社「ワンルームタイプだからです。D市では寝室とそれ以外のスペースを別々にしたいという方が多いのです。**これだけの専有面積があれば**十分可能だと思うのですが」

コンサルタント「それは現在の話。東京の生活スタイルは必ず地方にも影響を及ぼします。**これだけしかない専有面積で**部屋を分けると、狭いスペースが2つできるだけです」

管理会社「でも、工夫をすれば、可能な限り使い勝手の良い間取りができると思います」

コンサルタント「う〜ん。解せないなぁ。どうしてそこまでこだわるのですか？」

管理会社「お部屋を探すお客様がそう言われるからです。私のこだわりではありません」

コンサルタント「そこまで言われるのなら間取りを書いてみてもらえますか。検討しますから」

管理会社「わかりました」

そうして出来上がった間取りは図3－7のようになりました。

双方を気遣ったAさんは、電話ではなくD市での打ち合わせをセッティングしました。

図3-6　コンサルタントが提案した間取り①

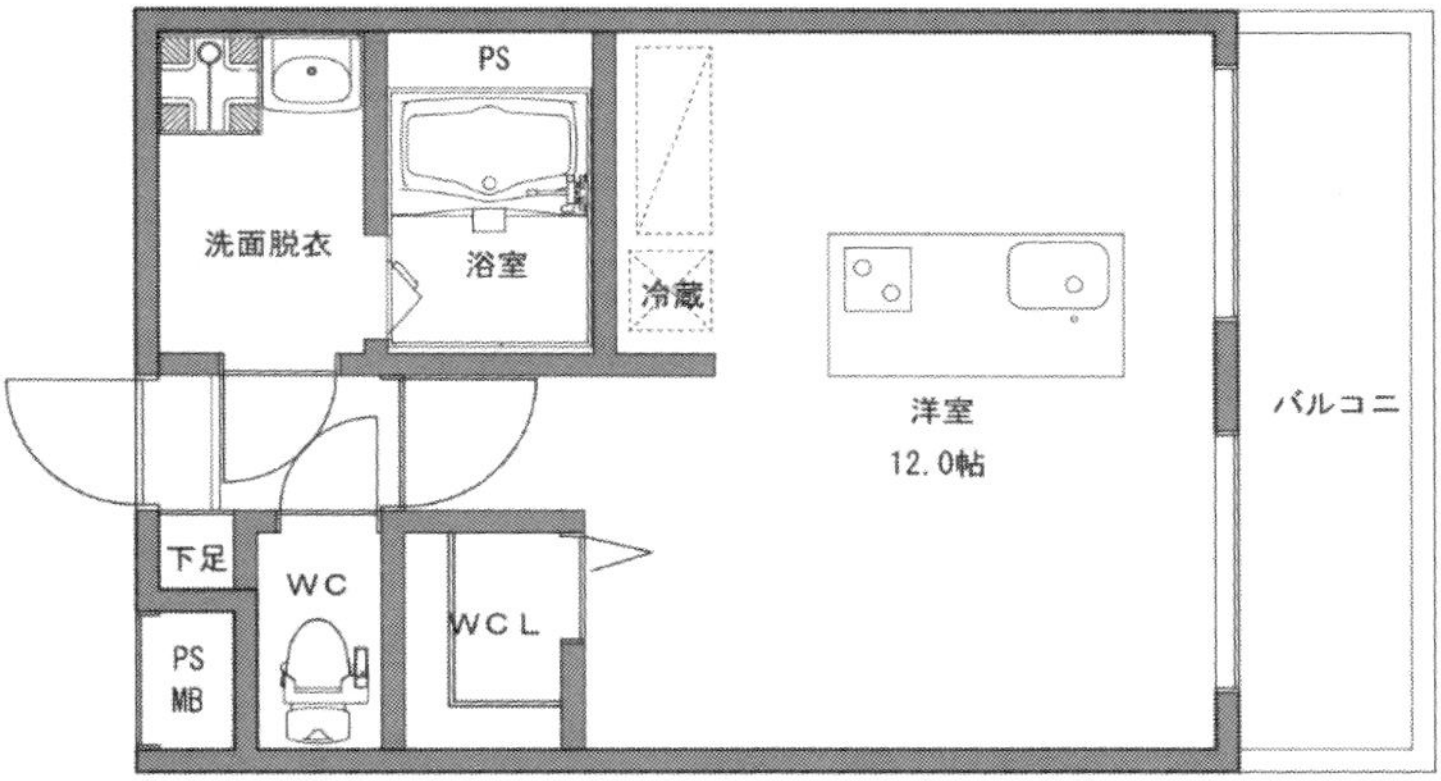

図3-7　管理会社が提案した間取り②

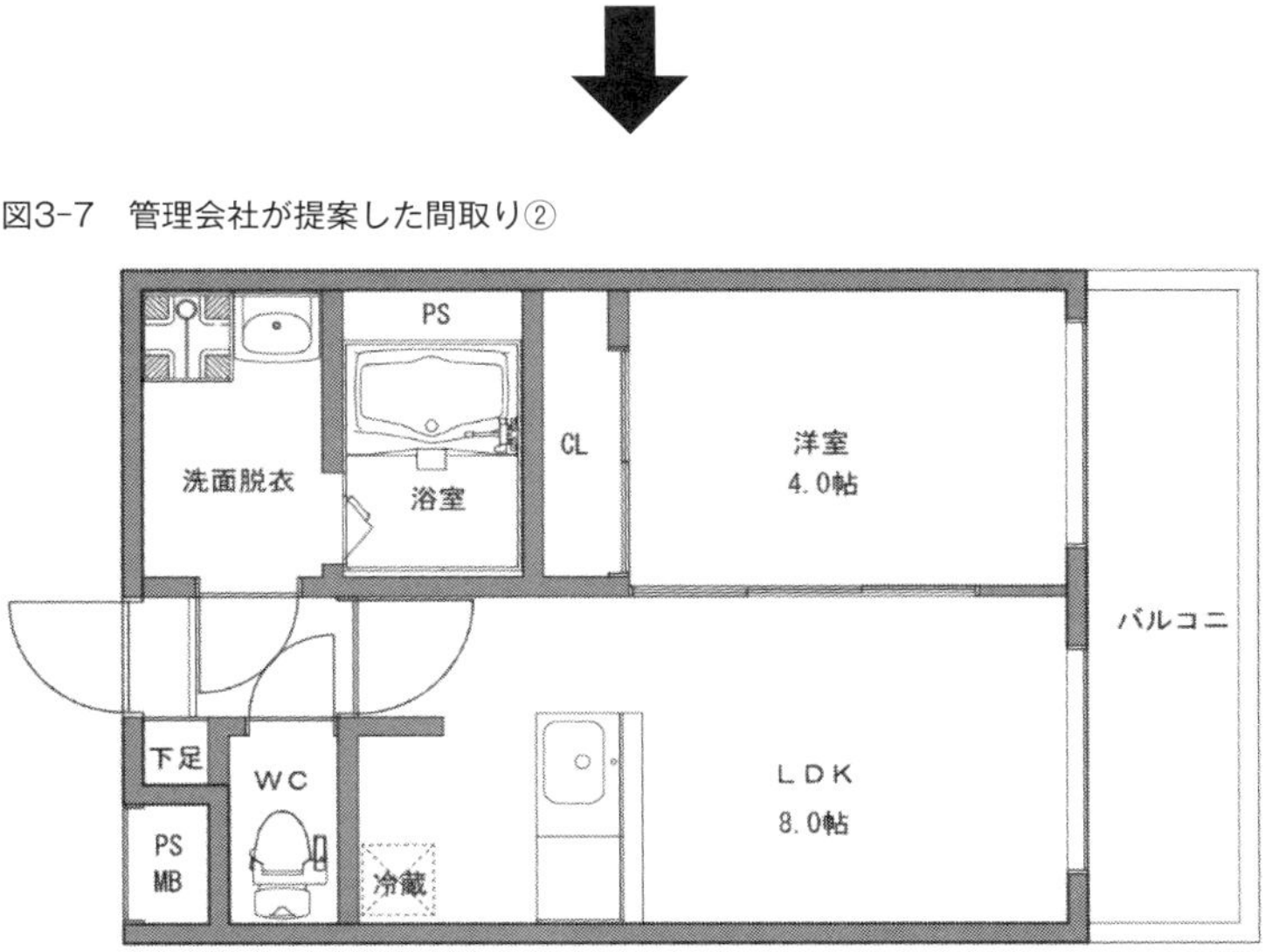

コンサルタント「やっぱり解せない。この4帖足らずの部屋で何をするのですか！」
管理会社「セミダブルのベッドを置いて寝室にするんですよ。友人がきたら引き戸を閉めて隠せますしね」
コンサルタント「今の流行は全体を広く見せてラグジュアリー感を出す。そのためにアイランドキッチンまで入れる予定なのですよ。ドラマで見たことないですか？」
管理会社「見たことはありますよ。確かにおしゃれですけど、それはドラマの世界であって現実に住むとなるとどうなのでしょうか？」
コンサルタント「そこが時代を先取りするということですよ！」
管理会社「もし、そういう流れがD市にきたとしても、こちらの間取りでも引き戸を開ければ広い1Kですよ。それでも十分に対応が可能だと思います」
コンサルタント「でもアイランドキッチンではない！」
管理会社「そこはあまり影響しないと思います。流行の先取りも大事ですが、今のニーズも大事ですので」

どちらも引かない様子なので、双方の提案に納得していたAさんはこんな提案をします。

図3-8　7年後の家賃はどうなった？

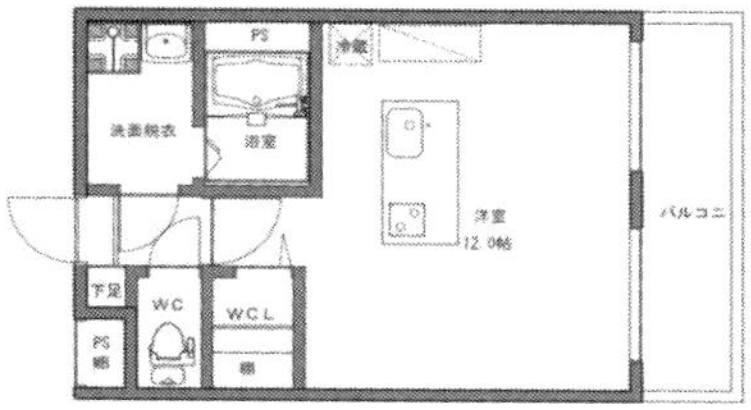

新築時家賃	7年後の家賃
7.2万円	6.7万円

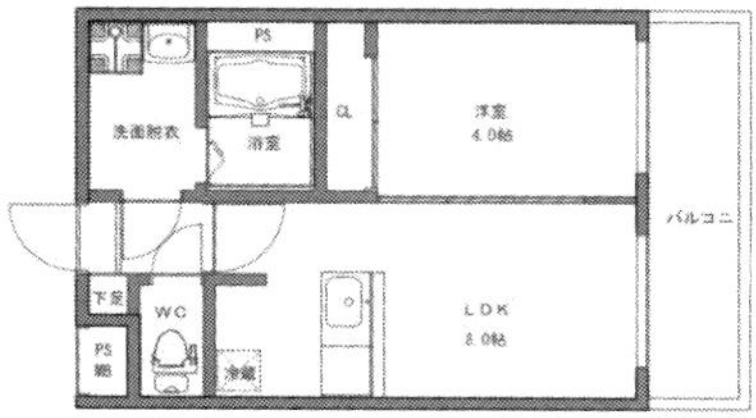

新築時家賃	7年後の家賃
7.2万円	7.0万円

Aさん「それでは1フロアに4戸あるので半分ずつ取り入れるというのはどうでしょう」

管理会社「Aさんが良いとおっしゃるのならそれで構いません」

コンサルタント「うーん、解せないが……。分かりました、譲歩しましょう」

こうして企画が決定したこの物件は、様々な過程を経て無事完成し、Aさんは満室で引渡しを終えたのでした。

それから7年後、家賃はどのようになったのでしょうか？

7年後の家賃は、図3－8のように、②の管理会社が提案した間取りのほうが高い結果となったのでした。

さらに①の間取りの平均空室期間は60日

であるのに対し、②の間取りは40日前後と、全体の収益面においても大きく差がついたのです。

これは決して①の間取りが悪かったのではなく、地域の生活スタイルから見た価値が低かったことを意味します。

最近では地方から始まったサービスや食べ物が東京で流行したりすることも多くなっていますので、一概に東京がすべてとは言い切れないような気がしますね。

ここで忘れてはいけないことは、やはり**答えはお客様が持っている**ということです。

●2つの間取り、選ばれるのはどっち？

では、お部屋を探しているお客様に選ばれる間取り、価値があると評価され高い家賃がつく間取りはどのようなものでしょうか。

そのイメージを掴むために、家賃が同額の2つの間取りのうち、どちらの間取りが選ばれるか考えてみましょう。

まず、①と②ではどちらが選ばれる物件でしょうか？

図3-9　間取り①　ワンルームタイプ

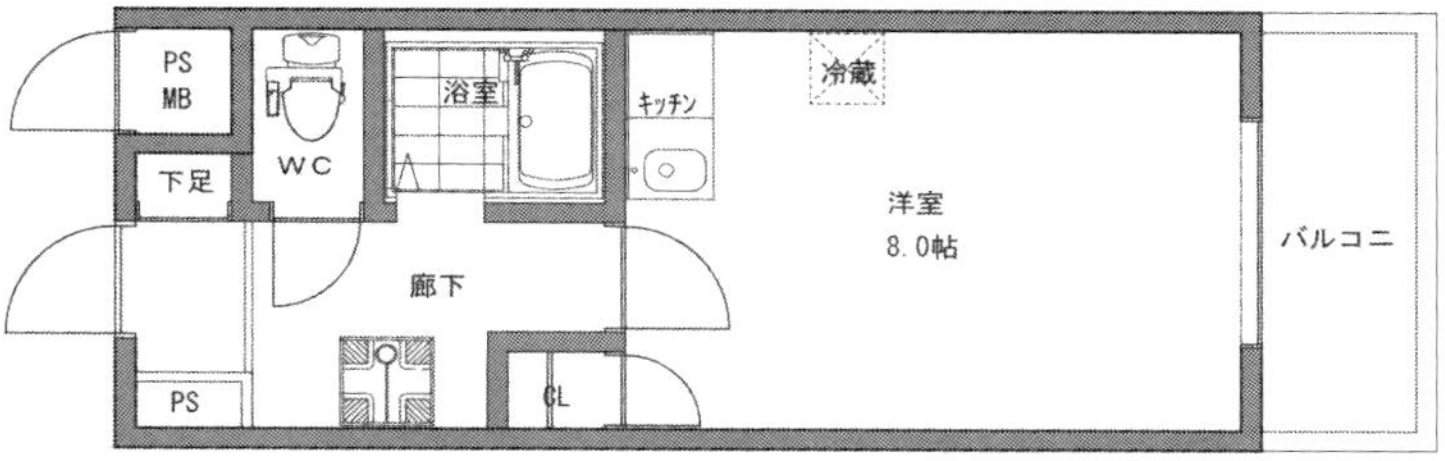

図3-10　間取り②　1K タイプ

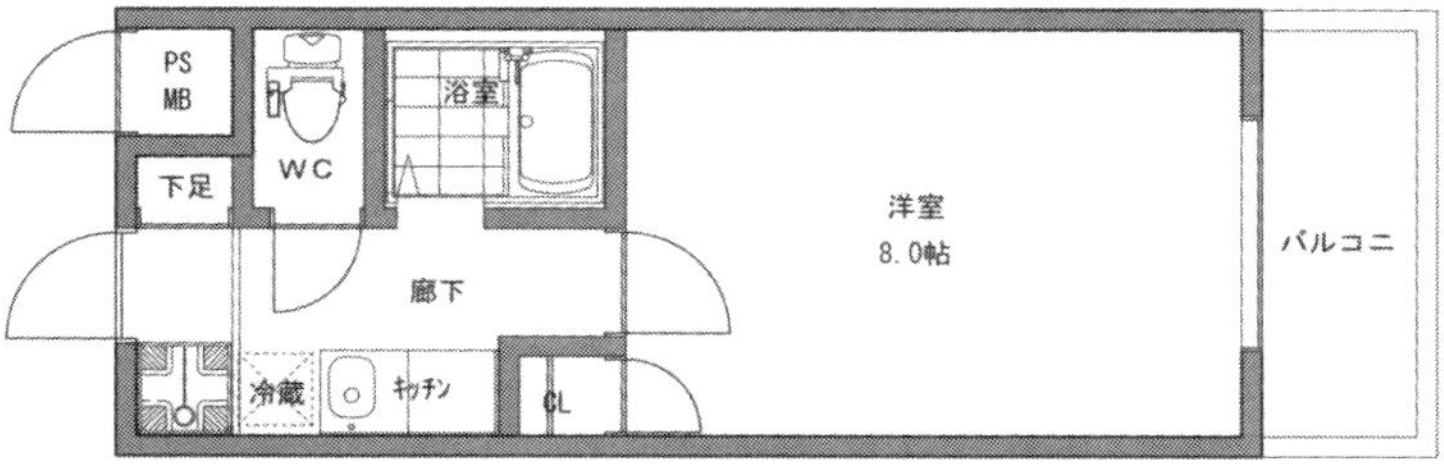

答えは②です。

ワンルームタイプより1Kのほうが好まれます。

もしお部屋の広さが10帖以上あれば場合によっては答えが違ってくることもありますが、8帖という広さを考えると②が選ばれるでしょう。


では、次の③と④ならどちらが選ばれる物件でしょうか？

図3-10　間取り③　横並びの間取り（横間）

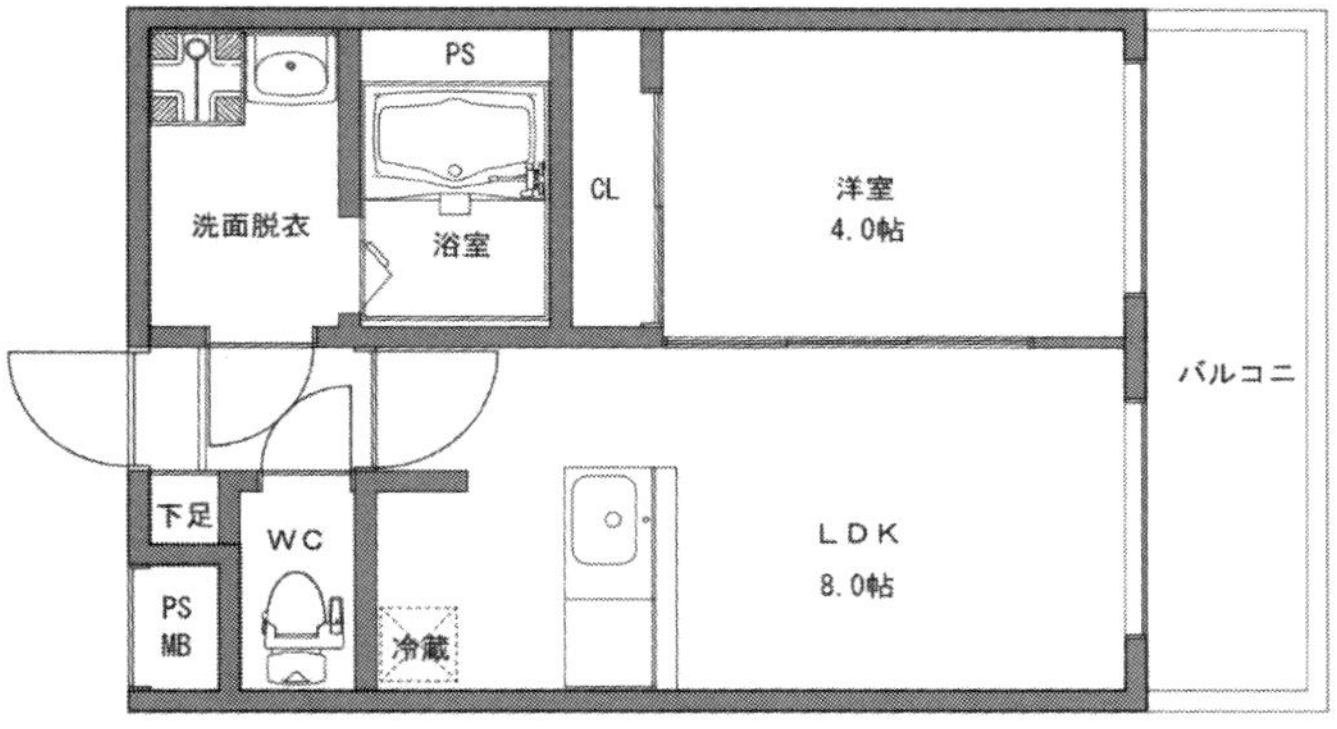

図3-11　間取り④　縦長の間取り（縦間）

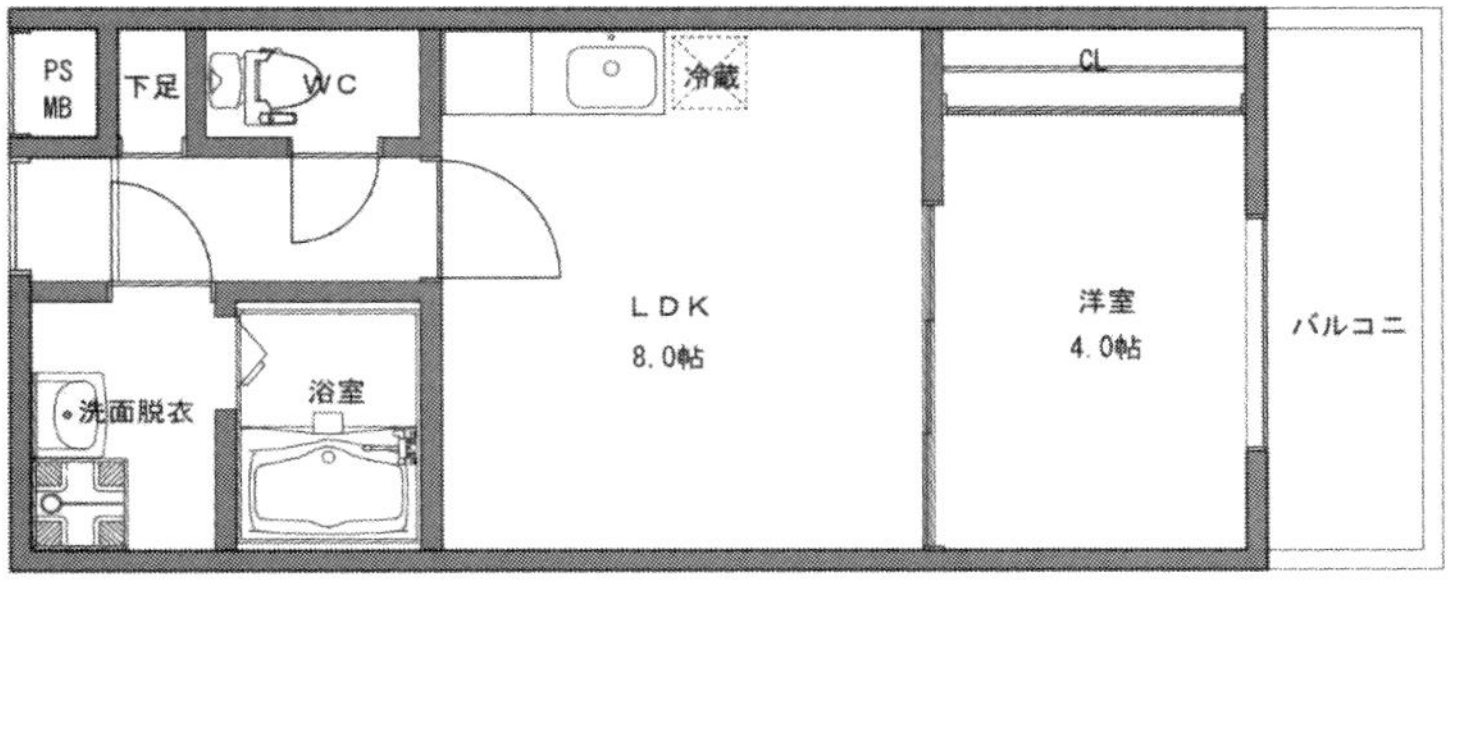

答えは③です。

縦間と呼ばれる縦に長い間取りより、横間と言われる横並びの間取りですね。

家具などの配置やお部屋とリビングの採光を考えると、断然③が選ばれるでしょう。

次の⑤と⑥ならどちらが選ばれるでしょうか？

図3-12　間取り⑤　壁付けのオープンなキッチン

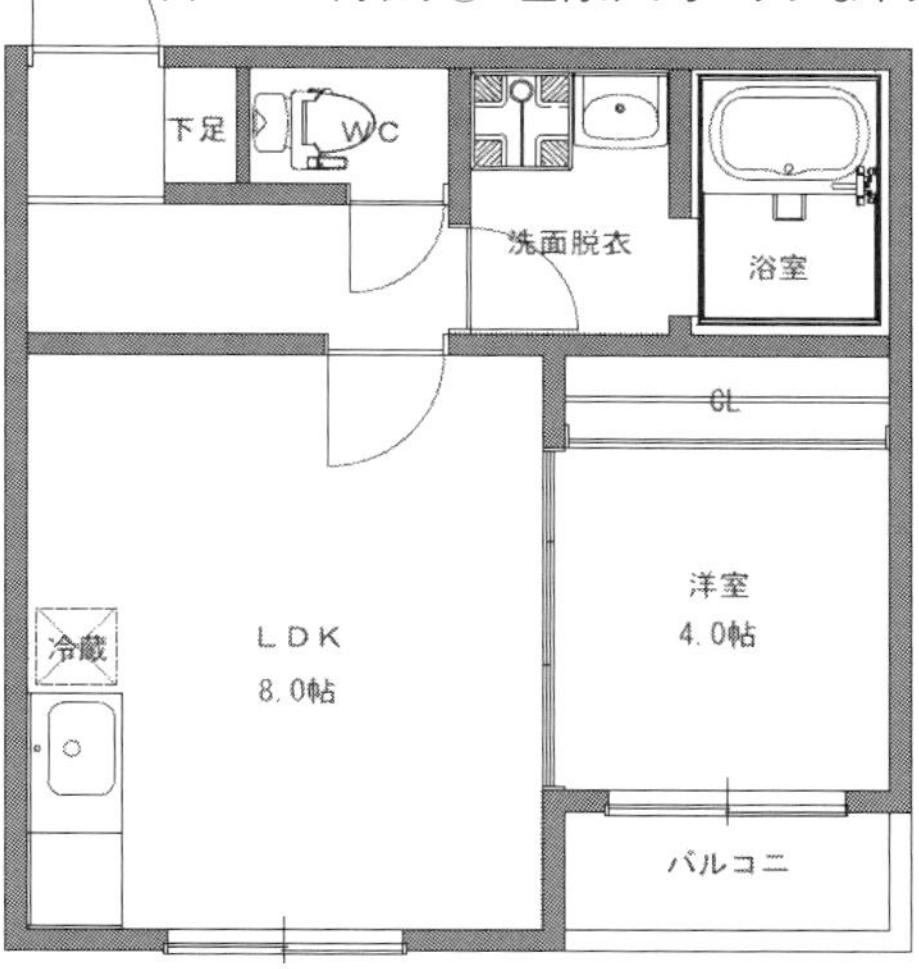

図3-13　間取り⑥　独立したキッチン

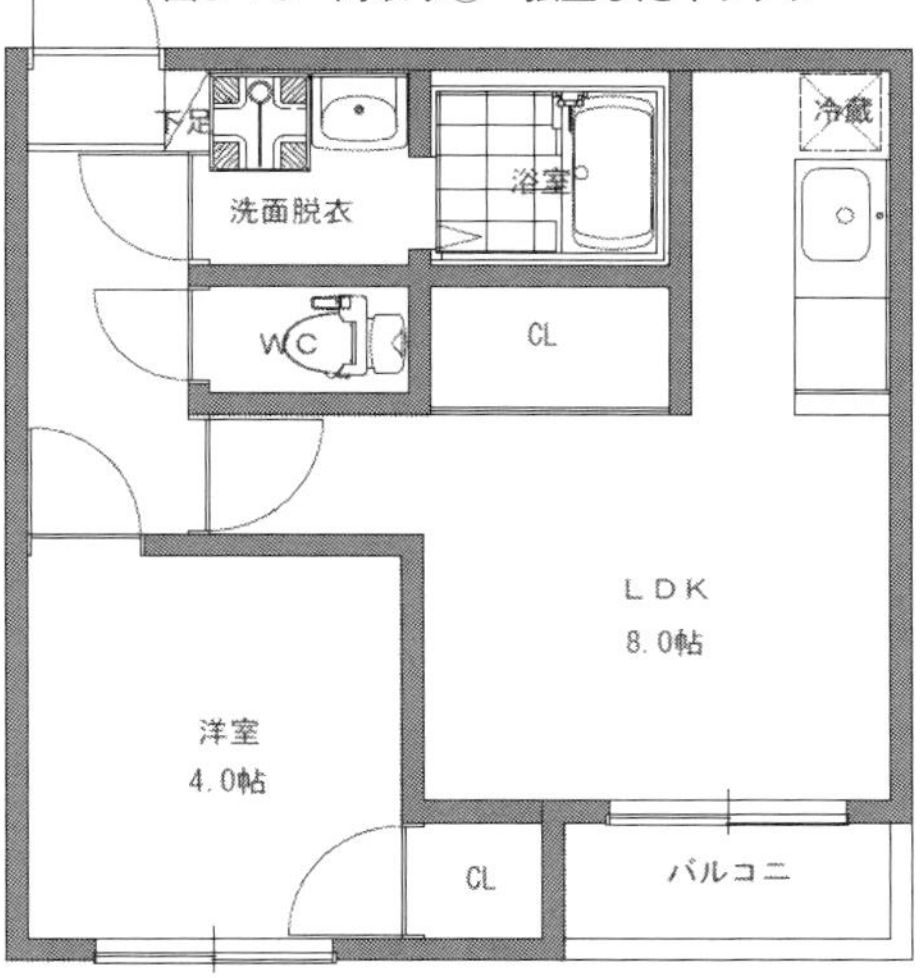

答えは⑥です。

壁付けのオープンなキッチンよりも独立したキッチンです。

キッチン周りは基本的にモノが置けません。それにより、使えるスペースが限られてくるのです。よって家具の配置のしやすさなどの要因から独立したキッチンが選ばれます。

⑦と⑧ではどちらが選ばれるでしょうか?

図3-14　間取り⑦　部屋が振り分けのタイプ

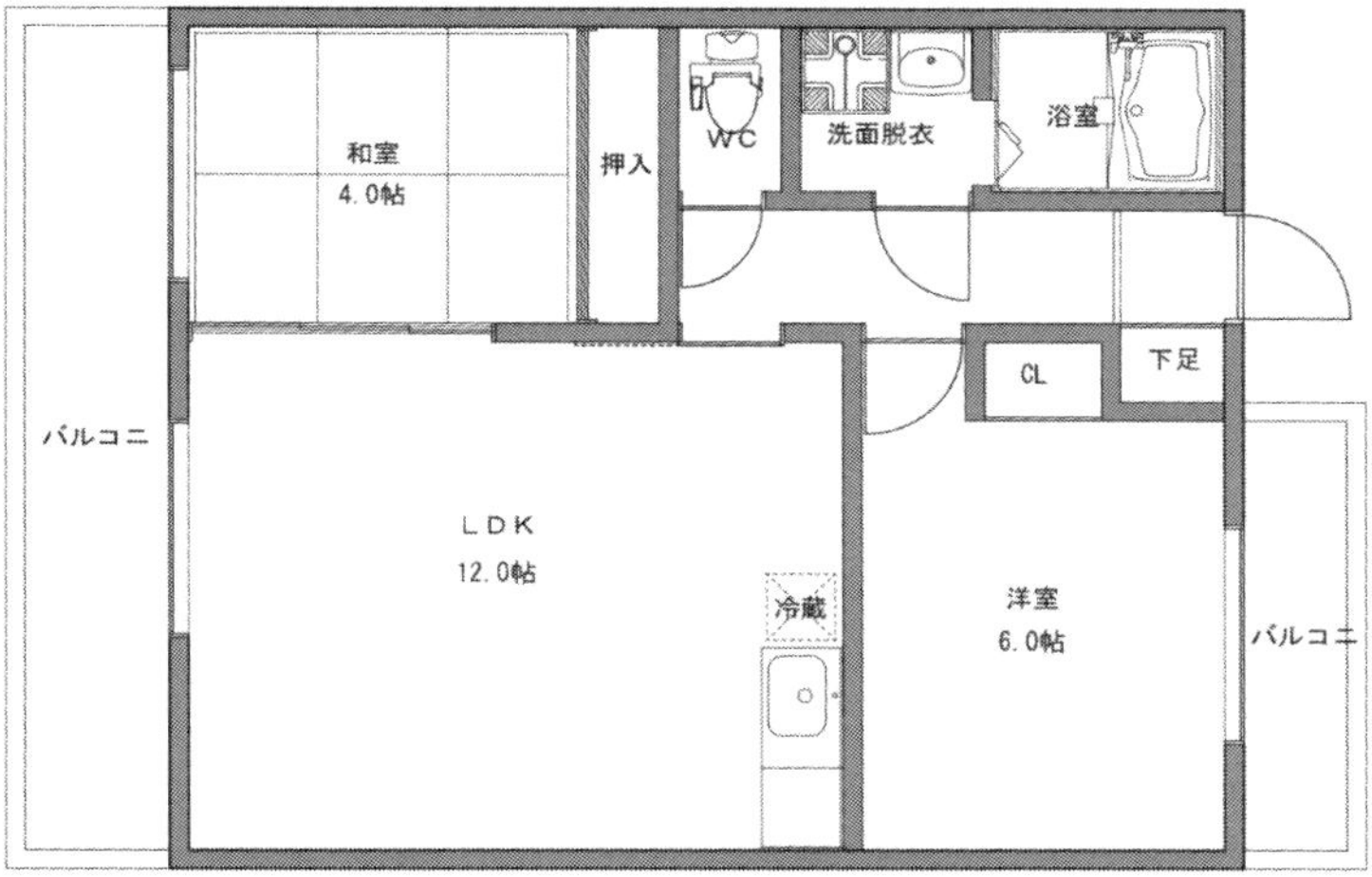

図3-15　間取り⑧　部屋が隣り合わせのタイプ

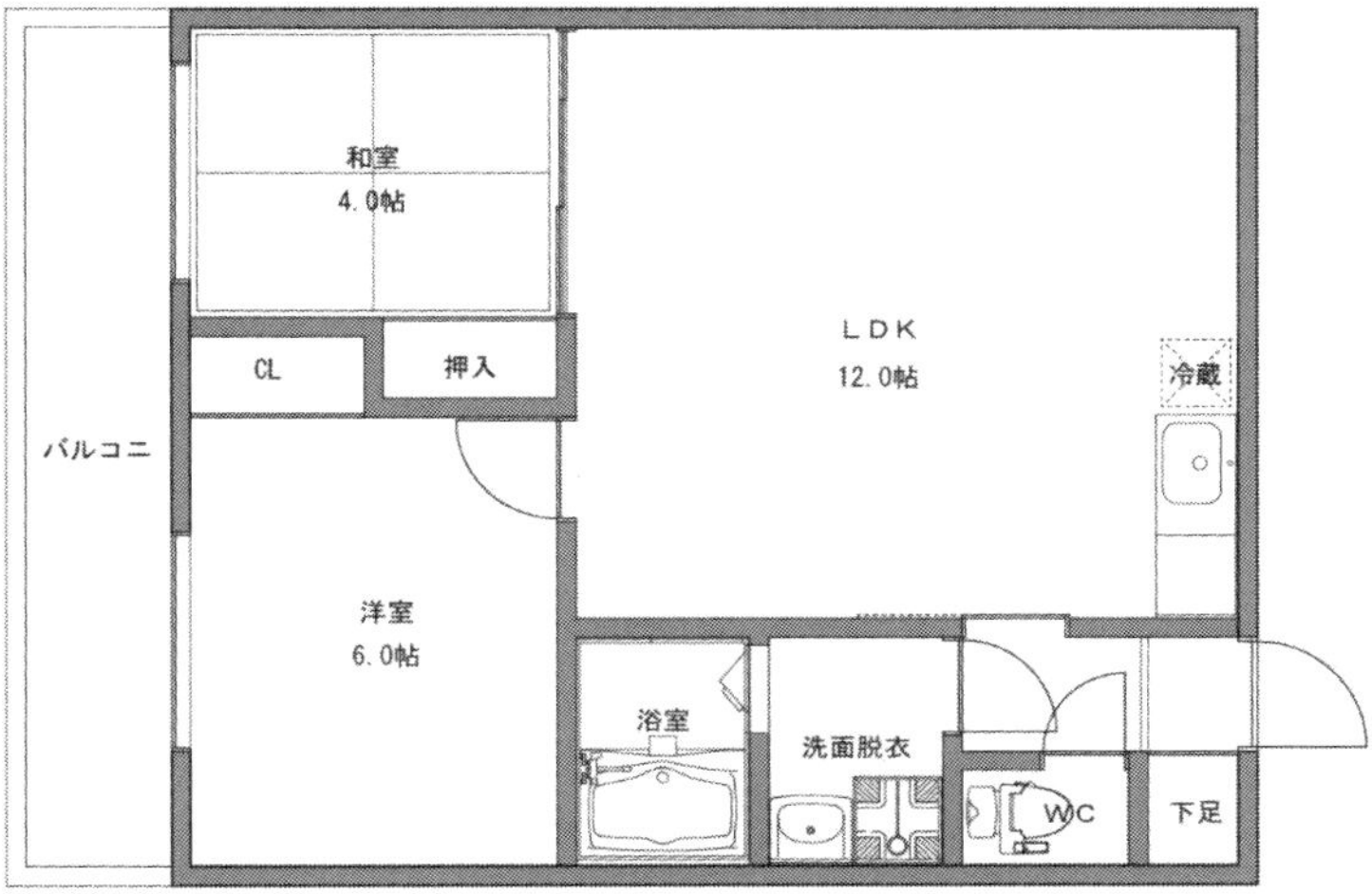

答えは⑦です。

部屋が隣り合わせのタイプより振り分けられたタイプが好まれます。

お部屋が隣り合わせの場合、自宅で仕事をする等何かに集中したいときはお互いに音や声など何かと気を使います。そういった観点からもそれぞれ振り分けられているタイプが選ばれるでしょう。

また振り分けることによりリビングがバルコニー側に面し、採光がとれ全体的に明るくなりますね。

⑨と⑩の間取りでは、どちらが選ばれるでしょうか?

図3-16　間取り⑨　カウンターキッチン

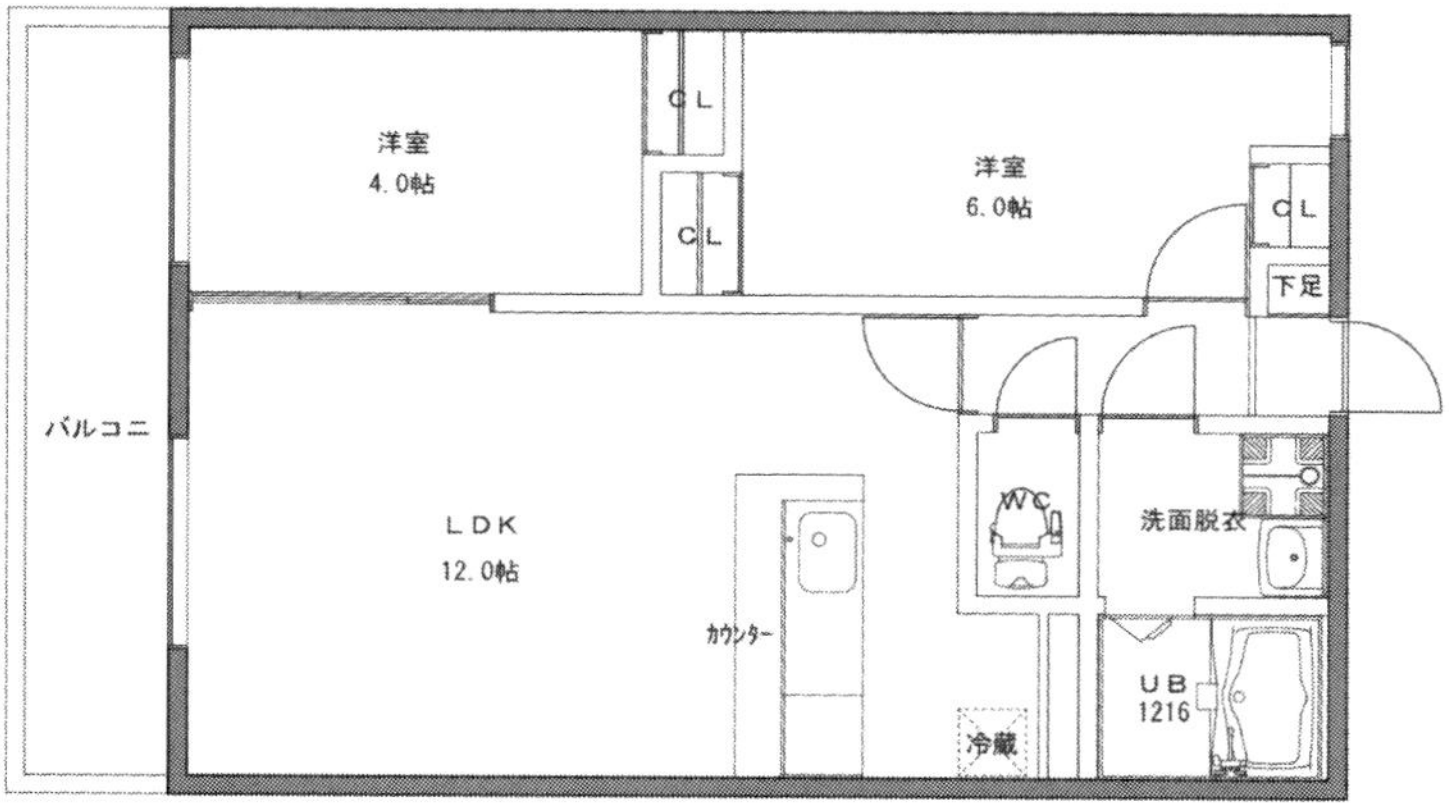

図3-17　間取り⑩　壁付けのオープンなキッチン

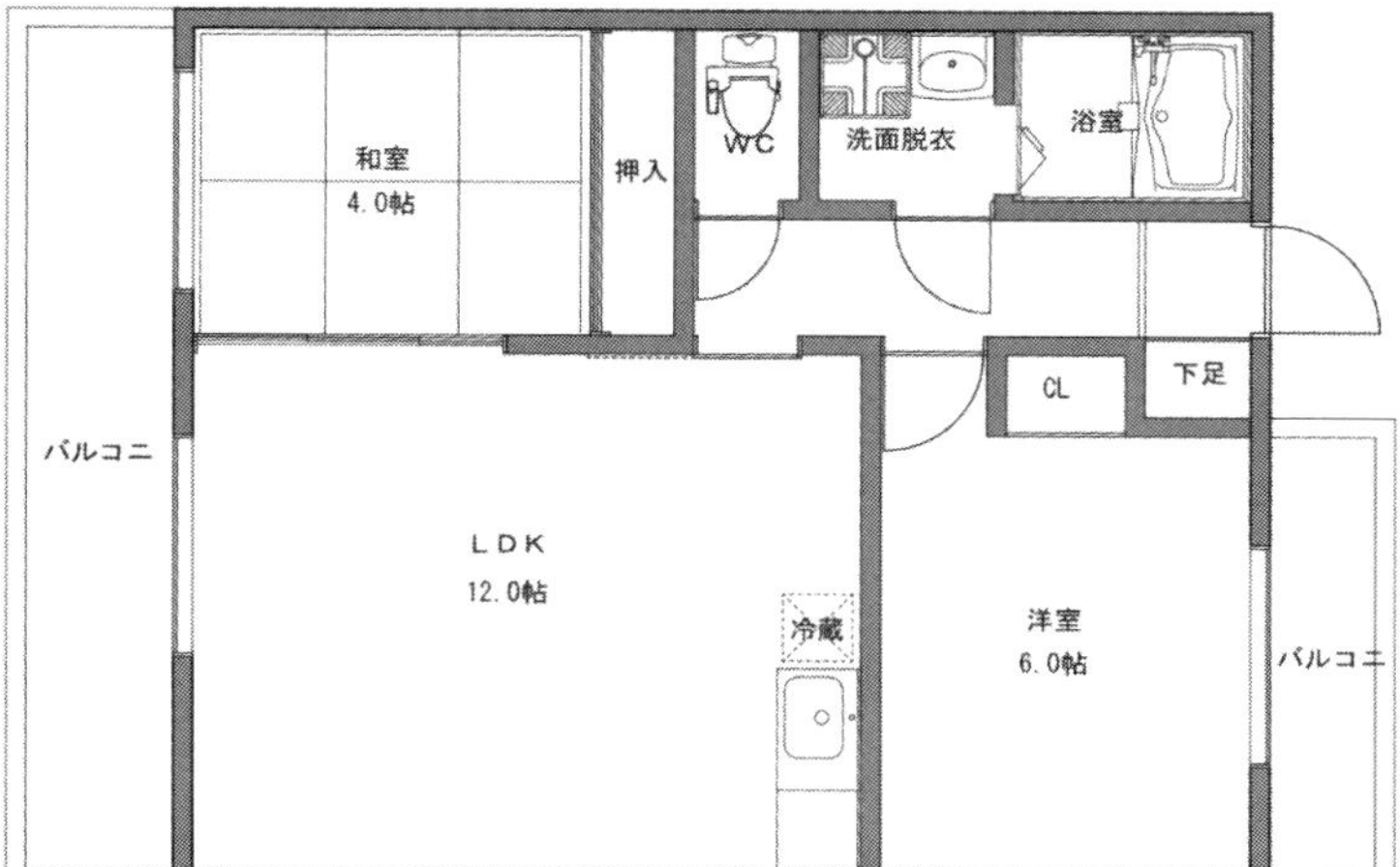

答えは⑨です。

壁付けのオープンなキッチンよりカウンターキッチンです。

どちらもお部屋が振り分けられたタイプではありますが、⑤と⑥のケース同様、キッチン周りにはモノが置けずスペースが限られてくることから、やはりカウンターキッチンが選ばれるでしょう。


次の⑪と⑫なら、どちらの間取りが選ばれるでしょうか？

図3-18　間取り⑪　部屋がつながっている続き間タイプ

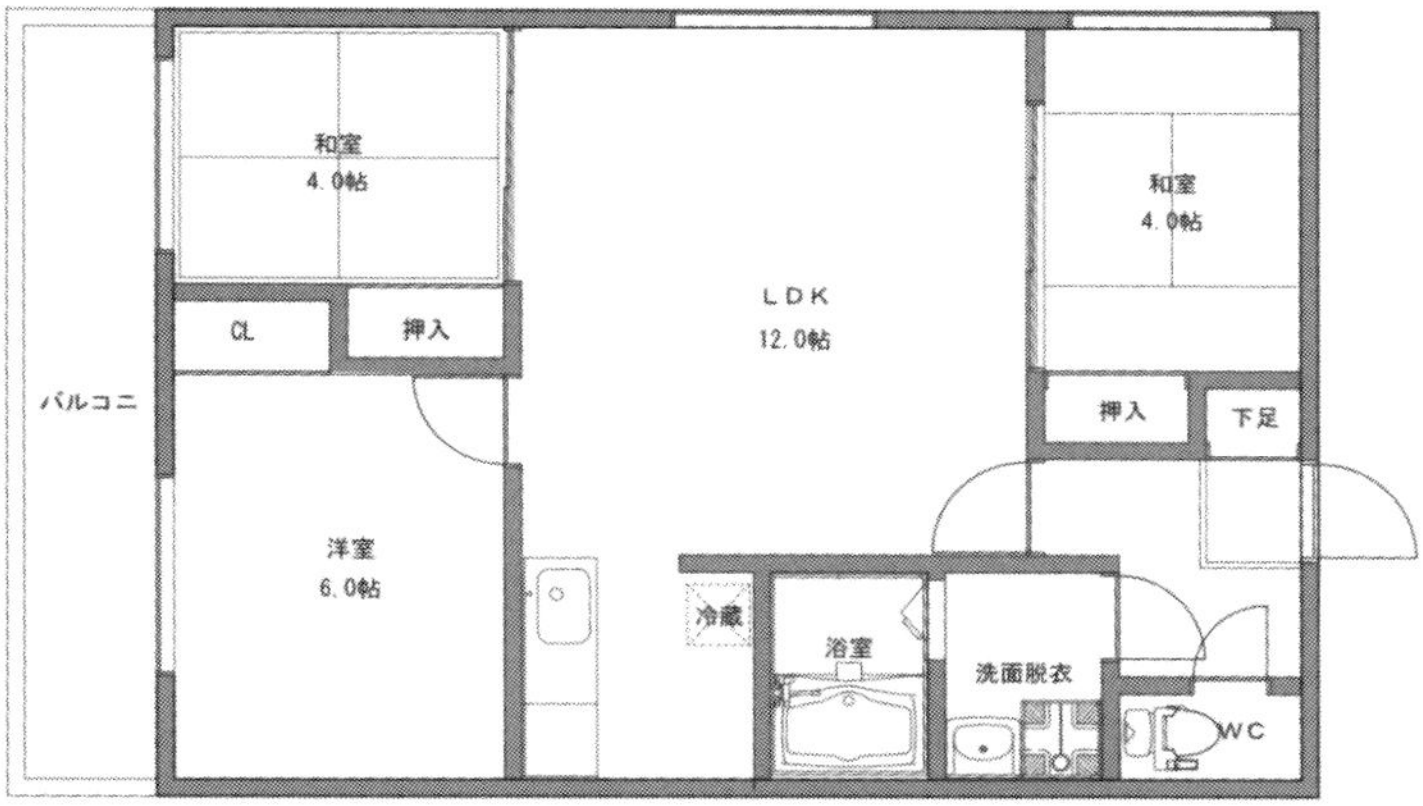

図3-19　間取り⑫　部屋が全室独立しているタイプ

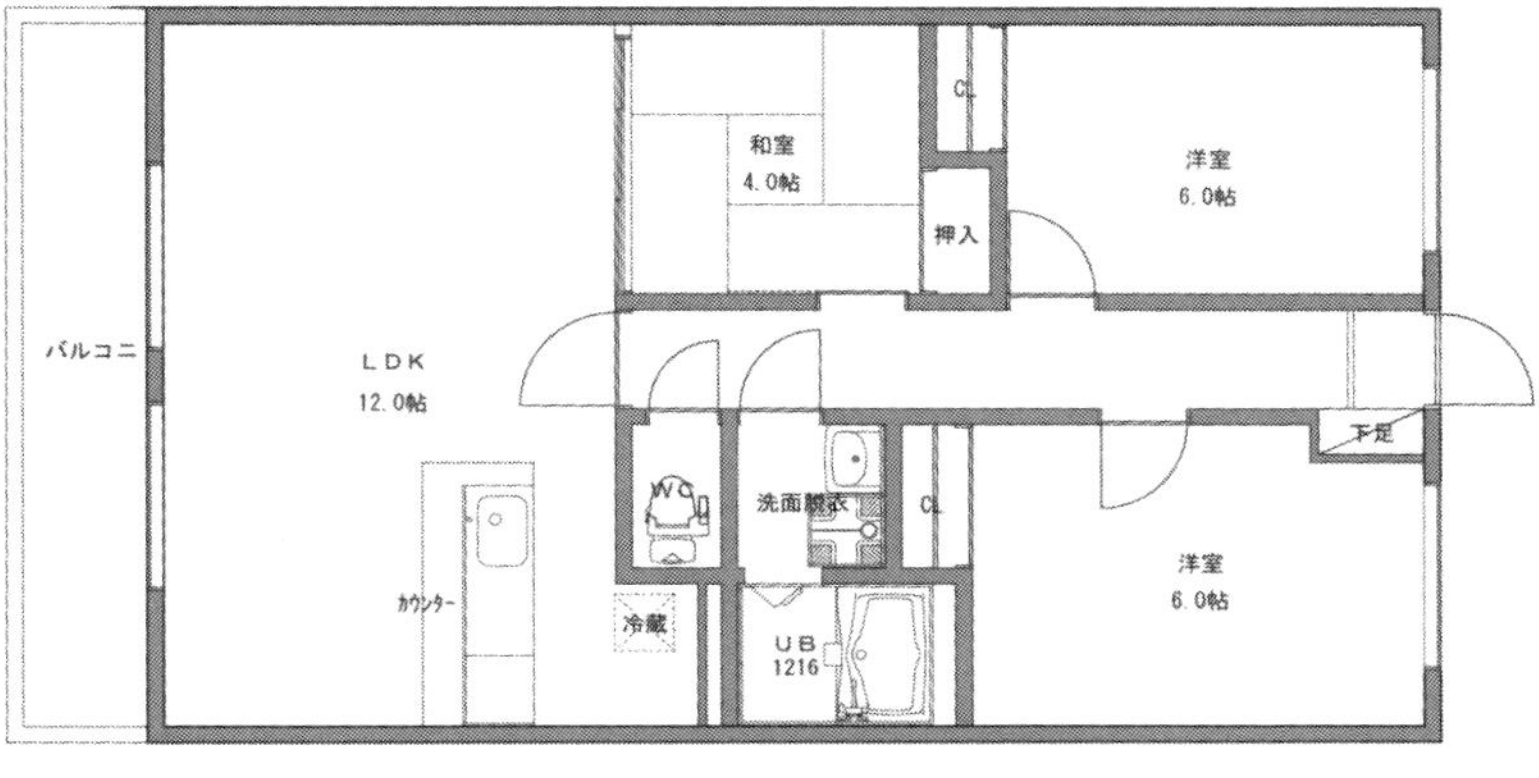

答えは⑫です。

お部屋がつながっている続き間タイプより全室独立のタイプです。

例えば4人家族で住んでいた場合、男の子2人であればまだいいですが、男の子と女の子だった場合、壁ではなく襖もしくは引き戸で仕切られているこの続き間は、何かと喧嘩の原因になるかもしれません。そうなるとやはり全室独立のタイプが選ばれるでしょう。

みなさんが2つの間取りのうちどちらかを選ばれたように、お部屋を探す方も何らかの要因でお部屋を選んでいるのです。

もともと持っている生活イメージや（今使っているソファや食器棚がおけるかどうか等）、これまでより生活空間を良くしたい（今までがお風呂とトイレは一緒の物件に住んでいたのであれば次はお風呂とトイレが別々の物件に住む等）など、判断基準は様々です。

しかしながら、多くのお客様と接していくと、いくつもの共通点が見えてきます。極端な高級志向がない限りは概ねそこに行き着くのでしょう。

次章ではそうした共通点という観点から、家賃について触れていきます。

第4章　家賃が物件の価値である

●家賃＝入居者さんから見た価値

前章までは、需給バランスによって家賃は変動していくこと、ポータルサイトなどで確認できる家賃相場はあくまで掲載物件をベースにした表面的な情報であること、よってそれに基づいて算出される平均㎡単価や平均家賃は必ずしも正しくないこと、物件にはそれぞれ特徴があり、想定より高く貸せる（含み益がある）ケースもあるし、想定より家賃が下がる（含み損を抱えている）ケースもあること、などについてお話ししてきました。

そして分かってきたことは、**家賃は価値を表わしている**ということです。

賃貸マンションやアパートにおける価値は、**プラスの価値とマイナスの価値**の2つに分けて考えることができます。

通常、価値という言葉には、付加価値というようなプラスのイメージを持つことが多いと思いますが、賃貸マンション・アパートなどについては、「○○だからこの物件にこの家賃は出せない」などのマイナスの価値もあると考えると分かりやすいでしょう。つまり、家賃が表わす価値とは、プラスとマイナスどちらも考慮した価値のことを指しています。

●家賃を形成する要素を知る

言い換えれば、**家賃＝物件の価値＝入居者さんから見た価値**であり、そこにはプラスの価値とマイナスの価値が含まれます。つまり**家賃はプラスとマイナスの価値で形成されている**と考えることができます。

ではそのプラスの価値とマイナスの価値とは何か、代表的なものを見ていきましょう。

①築年数……これまでも説明したとおり、新築の供給が続く以上、経年によって家賃は下がっていきます。同じような間取りで新築物件と築年数が15年の物件があった場合、ほとんどの方は新築を選びます。例えば、多くの入居者さんにとって築10年くらいまでは許容範囲だとしても、築15年の物件は家賃を下げなければならないわけです。この築10年を基準にすると、築15年は**マイナスの価値**になります。

②間取り……ここでいう間取りは、お部屋の個性ととらえると理解しやすいと思います。例えば収納の大きさについての事例を思い出してください。その他の要素がすべて同じで収納の幅が60㎝と1ｍ60㎝の物件があった場合、ほとんどの方は後者を選びます。これを基準にすると幅60㎝の収納は**マイナスの価値**をもつことになります。

次に脱衣所などもここに分類されます。当然にその他の条件が同じであれば脱衣所がある物件が選ばれます。もし、その地域に脱衣所つきの物件がほとんどなく希少性が高ければ、脱衣所がある間取りは**プラスの価値**になります。

また、お風呂とトイレが別か否か。一般にお風呂とトイレが別々の割合が高い地域が多いと思いますので、そういう視点で見るとお風呂とトイレが別の物件が標準となり、一体化した間取りは**マイナスの価値**になります。もしお風呂とトイレが一緒の割合が多い地域であれば、お風呂とトイレが別々だと**プラスの価値**になることもあります。

③広さ……ここでいう広さとは専有面積（㎡数）のことではありません。専有面積で家賃を算出することは正しくないことを先述しましたが、不動産会社でお客さんに対して「広さが○㎡もあるんですよ！」と話している風景をよく目にします。設計士や不動産関係者であれば専有面積で言われて理解できますが、ほとんどの方はそういった表現をされてもイメージしにくいのです。
また同じ専有面積であったとしても間取りは異なります。

図4－1の2つの間取りは同じ専有面積にもかかわらず、お部屋の広さが6帖と8帖です。その他の条件が同じであれば当然、8帖のほうを選ぶでしょう。もし地域の一般的な広さが6帖であれば8帖は**プラスの価値**になるのです。

図4-1　同じ専有面積でも間取りによって部屋の広さが違う

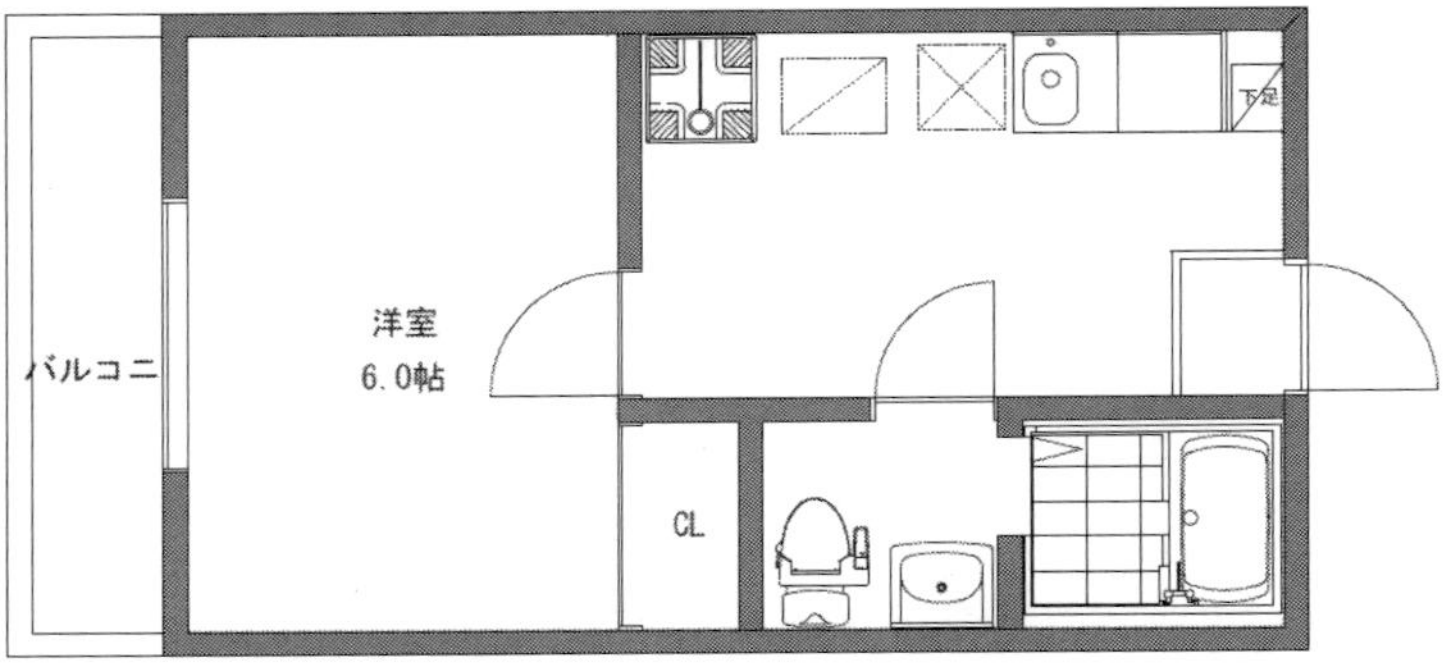

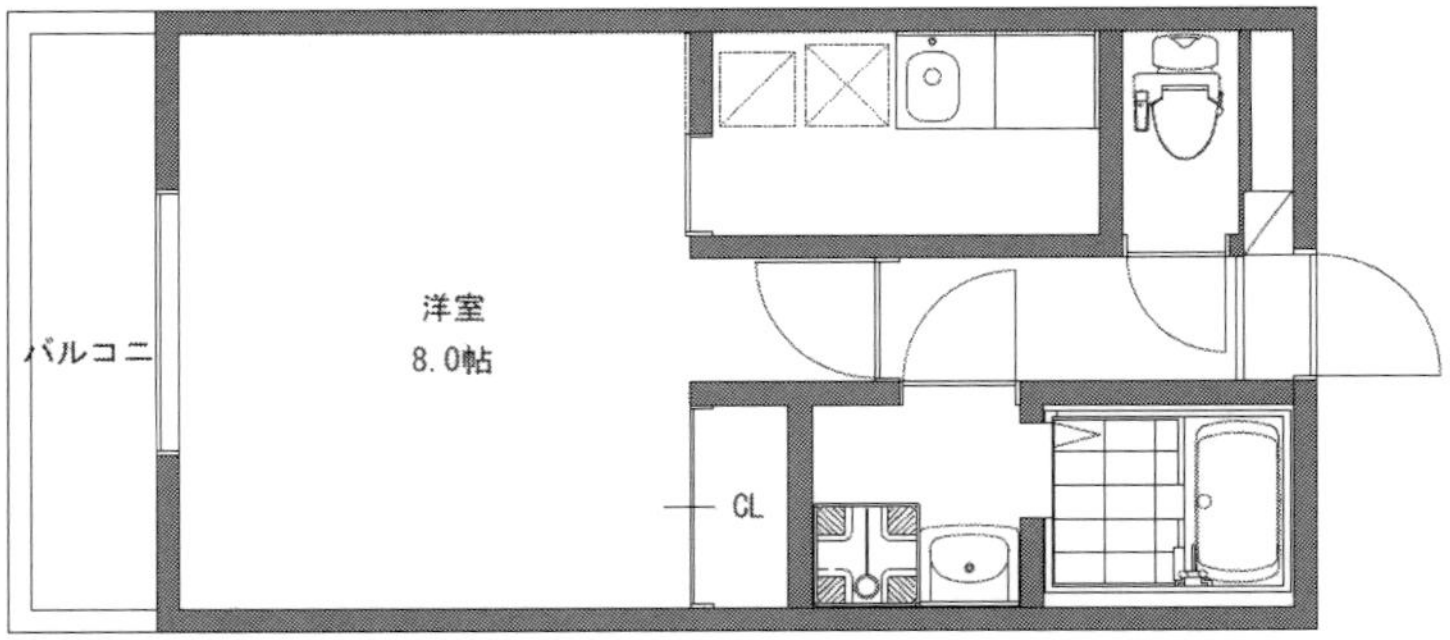

④設備……キッチンや洗面台、追い炊き機能、インターネット設備などが含まれます。

例えば、電気コンロ1口備え付けの90㎝のキッチンとガスコンロ2口の1m50㎝のシステムキッチンの物件があった場合、その他の条件が同じであれば後者が選ばれるでしょう。さらに、その地域の主流がガスコンロ持込みタイプの1m20㎝のキッチンであった場合、前者が**マイナスの価値**、後者が**プラスの価値**ということになります。

次に、賃貸関連の情報サイトによれば人気設備ランキングで常に上位にランクインされる追い炊き機能について。ここで注意しないといけないのは、入居者層によって**プラスの価値**になることもならないこともあるということです。

例えば1Kの間取りに追い炊き機能を導入したとします。年齢層にもよりますが、浴槽にお湯をためて浸かることをせず、シャワーだけで終わらせる人は意外に少なくありません。そういう人たちの視点で見ると、追い炊き機能は「あまり使わないけれど家賃が変わらないならあってもいい」程度にしか評価されず、プラス要因にはならないのです。

⑤構造……一般的に鉄筋コンクリート造のことをマンション、軽量鉄骨造や木造のことをアパートと呼びます。これはポータルサイトなどで見てもわかるように防音面などや高さ（階数）の違いなどから家賃差が生じます。

⑥駅までの距離……一般的に駅まで徒歩圏内という表示は、徒歩15分までを指します。当然ながら、駅まで徒歩5分の物件は徒歩10分の物件より価値が高く、徒歩10分の物件は徒歩15分の物件より価値が高いことになります。書籍や情報サイトなどで「物件を選ぶなら徒歩10分以内」といった内容をよく目にしますが、この言葉を表面的にとらえると徒歩15分以上の物件は空室が多いという見方もできます。

しかし実際に見てみると、徒歩15分以上の場所に位置しているのに高稼働を維持する物件もあります。徒歩10分の物件と比べて当然に見劣りするので価値はマイナスになり、家賃が下がります。大事なことは、駅まで徒歩15分という**マイナスの価値**が家賃に組み込まれた結果、その物件を選ぶ入居者もいるということです。

⑦環境……ここは少し感情移入をして自分自身のことのように読み進めてください。

「あぁ、今日の仕事はハードだった。朝から夕方まで会議ばかり、溜まった仕事を片付けたらもうこんな時間。腹も減ったし、シャワー浴びて、ビールでも飲んで寝るか。明日も早いし」ということで家路に着きました。家に着いて「空気の入れかえでもしよう」とカーテンを開け、ベランダのサッシを開けると、そこに広がる景色は……（図4－2）。

図4-2　そこに見えたのは……

どう感じましたか？　最高の景色だ！　という方は少ないのではないでしょうか？　気にしない方もおられるようですが、特に深夜などは不気味に感じる人も少なくありません。

次に挙げられるのが線路沿いです。防音に優れた建物も増えているので一概には言えませんが、窓を開けると目の前を電車が走っている物件などはテレビの音や電話などが聞こえなかったりするものです。また深夜に貨物列車が走る路線もありますので注意が必要です。

もう1つは坂道です。例えば「徒歩10分」の物件でも、途中の坂道がきつくて人によってはとても10分で到着しそうにないことがあります。他の条件が同じ場合、平坦な道10分と坂道10分であれば、ほとんどの方が前者を選ぶと思います。そうなると後者は**マイナスの価値**になるのです。

その他、コンビニやスーパーが近いなどが挙げられますが、今はコンビニが乱立する時代。地域に少ないなどの要因がなければプラスにもマイナスにもならないのが現状です。

ここまで見てきたように、実際の家賃は、その地域の基準をもとに、お部屋の特徴をプラス、マイナスしていくことで形成されています。その基準に物件ごとの特徴を加味して算定していくことで、正しい家賃を把握することができるのです。

●基準となる条件を把握する

家賃相場を確認する際によく利用されるポータルサイトは全体の傾向をつかむには適していますが、それだけですべてを判断するのは望ましくないことは先述しました。物件にはそれぞれ特徴があり、見る人によってメリット、デメリットが異なることがその理由です。

物件の特徴の良し悪しを判断するのは部屋探しをしている人です。部屋を探す人は大半が不動産会社に物件探しを依頼します。ポータルサイトや会社のホームページを見て電話やメールで問い合わせをする、テレビＣＭなどで記憶に残っている不動産会社の店舗に行く、など方法は様々ですが、その際に、条件を伝え、それに基づいて不動産会社の営業担当者が物件を紹介していくという進め方が一般的です。

そこで、不動産会社の**営業担当者が提案をした後、入居者となり得る人はどういう反応を示したか**が物件の価値を決めていくうえで重要なポイントになってくるのです。

では、お部屋を探すときに提示する条件を見てみましょう。

・家賃
・間取り（１Ｋ、１ＬＤＫ、２ＬＤＫ等）
・場所（駅や駅からの距離など）
・築年数
・設備
・その他条件（お部屋の広さ、入居時の契約費用など）

ここに条件を入れてみます。

・家賃　５・５万円～６・０万円まで

・間取り　1K
・場所　A駅～C駅から10分くらい
・築年数　5年以内
・設備　ガスコンロ対応、室内洗濯機置き場
・その他条件　契約費用10万円以内

不動産会社来店時に記入するアンケートやポータルサイトにおける検索条件は、このように最初はある程度幅広く提示し、探していくのが一般的です。当然、各々提示する条件は異なります。

家賃の基準を定める際には、このうちの何を基準にすればいいのでしょうか？

●大元となる基準は築年数

家賃の下落率を算出する際に基準となるのは築年数です。年間1％の下落率が一般的と言われていますが、それは一定の供給があって地域の物件が同じ間取り（広さや設備などを含む）であった場合に限ります。部屋探しをする際の条件が人によって異なるように、地域の物件がすべて同じ条件であることは皆無です。

そこでポータルサイトの築年数における検索条件を基準に実際にお客様と対応した場合、

どのような反応が返ってくるのかを見ていきましょう。

①新築……多く見受けられるのが**新築マニア**です。誰も使用したことがない物件を最初に使う、最新の設備や先進的なデザインが享受できるなど、一度はまると抜けられない条件の1つです。こういった条件の方は**新築限定**で探すことが特徴であり、それ以外の物件を受け入れない傾向にあります。新築プレミア家賃という言葉が広く認知されているのもうなずけます。それ以外にも「新築が借りられたらいいな」と希望的感覚で提示される方もおり、話を進めてみると「**新しければよい**」という条件に緩和されることもあります。

②1年以内、3年以内、5年以内……ポータルサイトでは築年数が浅いと2年単位で検索が可能になっていますが、実際にはひとくくりにできます。お客様に物件を紹介する場面で築1年、築3年、築5年の外観や室内などの画像を見せると、極端なギャップがなければ大半のお客様は問題ないという答えが返ってきます。ではなぜその築年数を条件として選んだのか？　が気になるところですが、「それ以上の築年数だと古いイメージがあるから」という先入観を持っているというのが現実的な答えです。

つまり言い換えれば「**新しければよい**」ということなのです。このカテゴリーで探すお客様は、その他の条件が合えば**築10年程度までは条件が緩和される**ことが多々あります。不動産を所有する大家さんが物件の清掃をマメに行い清潔感を保ったり、エントランスやアプローチに工夫を凝らして見栄えをよくしている物件ほど入居率が良いのはまさにこういったことでしょう。

③7年以内、10年以内……築年数が新しいに越したことはないが「希望する家賃では借りることができないだろう」との考えから選択されるカテゴリーです。毎月支払う家賃を重要視しつつも、古すぎる物件は避けたいというイメージから**それ以上の築年数は受け入れない**お客様が多いことが特徴です。たしかに、建物は10年経つと経年による劣化が少しずつ表面化し修繕が必要になることがあることからも、10年一区切りという言葉がしっくりきます。

④15年以内、20年以内……この築年を希望するのは、家賃と契約時の費用を最重要視する人に多く見うけられます。例えば、単身物件においては親の援助がなく自身で家賃を払う新社会人、ファミリー物件においては20代前半から半ばまでの新婚層に多いことが特徴です。ともに新生活をスタートさせることから、「お金はかからないほうがいいけれど建物は新しいに越したことはない」と考える方が多く、**それ以上の築年数は受け入れ**

図4-3　希望築年数と実際の行動傾向

築年数	傾向
新築	新築限定マニア、もしくは新しめ。
5年以内	新しければ良い。物件によっては築10年くらいまで受け入れる。
10年以内	それ以上の築年数は受け入れない。
20年以内	それ以上の築年数は受け入れない。
30年以内	家賃または立地に対するこだわりがある。

ない傾向にあります。そういったことから外観や室内などの見た目が決定要因になることが少なくありません。

⑤25年以内、30年以内……家賃と契約時の費用を最重要視するか、または限定された立地を最重要視することが特徴です。前者は限られた家賃の中でその他の条件を満たす物件を求め、後者は限られた立地の中で希望家賃の範囲内で最も条件の良い物件を探す傾向にあります。このカテゴリーは空室対策をするのが最も難しいことは、異なる入居者層が混在することからも十分にうなずけます。まとめてみると図4－3のようになります。

良くなるにはいいが、悪くなることは問題視するという人の心理的観点からこの表を見ると、物件が古くなることに対しどこまで譲歩できるかがポイントになってきます。その結果、実際に選ぶ物件の築年数は次のように変わります。

新築（新築マニアを除く）→築10年まで
築1年～築10年以内→築10年まで
築15年以内～築20年以内→築20年まで
築25年以内～築30年以内→特になし

これはその地域で一定の新築供給が続いていることを前提としていますが、お客様から最初の段階で提示された希望の築年数というのは、実際に掘り下げて聞いてみるとこのくらい幅が出てくるものです。

ですから、築年数は入居者の意識のなかで築10年、築20年、築30年と大きく線引きされるという現実をふまえて、それに対応した方策をとる必要があります。つまり、築10年の物件が基準になっていることを認識して、それよりも新しい物件と古い物件のどちらもそれぞれ、「築10年の物件にどう対抗していくのか」という意識で戦略を練っていくことが効果的なのです。

ただし、新築の供給が少ない地域においては築年数の基準が異なることがあります。その場合にはその地域の現存する物件の築年数別の割合を調べ、基準を築15年にするなど調整を入れることで全体像が見えやすくなります。

また、新しくできた駅の場合などで最寄りの駅に比較対象となる物件がない場合は、前後の駅を対象とすることで全体像が見えやすくなります。

●築10年の物件の特徴を調べる

家賃の価値を見ていくにあたり、まず、築10年の物件を基準に定めました

次に行うべきことは、その地域における築10年の物件の特徴はどうあるか？　を調査することです。これは先述したSUUMO、LIFULL HOME'S、at homeなどの賃貸ポータルサイトで確認することができます。

家賃は「築10年、1K」などで検索してみると、ある程度の幅ですぐに分かります。

そこで重視すべきことは

①部屋の広さ……先述したように、専有面積で判断するのは望ましくありません。単身者向けのワンルーム、1Kであれば居室の広さ、1LDK以上の部屋であれば居室とリビングの広さなどを確認します。

②お風呂とトイレ周り……2LDK以上の部屋でお風呂とトイレが一緒である物件は限りなく少数だと思われますし、単身者向けのワンルーム、1K、1LDKにおいても築10年でお風呂トイレ一緒であることも考えづらい（都内の狭小住宅を除く）ので、ここで

は脱衣所があるかどうか、洗面台は独立しているかなどが対象になります。イメージしやすくするために間取り図（図４－４）で確認してみましょう。

図４－４のⒶは**独立洗面脱衣所**と呼ばれるものです。誰にも見られることがなく衣服を脱いでお風呂に入れることや他人に見られたくない水回りを隠せることなどの利点があり、お風呂トイレ周りの中で最も価値が高いことが特徴です。ある程度の面積が必要となるため、20㎡以下の専有面積では確保できないこともあります。

Ⓑのような間取りを、ここでは**脱衣所**と定義づけます。脱衣スペースの中にトイレがあるパターンです。独立洗面脱衣所と同様、誰に見られることもなく衣服を脱いでお風呂に入れることや水回りを隠せることは利点としてありますが、友人や恋人がよく遊びにくる場合、誰かがお風呂に入っているときはなんとなくトイレを使用しづらく、誰かがトイレを使用していると脱衣所に入る扉さえ開けにくいものです。そういったことから独立洗面脱衣所と比べ、やや価値が低くなることが特徴です。専有面積が25㎡未満の間取りに多く見られます。

Ⓒはいわゆる**お風呂トイレ別**と呼ばれるものです。専有面積が20㎡前後の間取りで築20年前後または東京23区など１部屋あたりの専有面積が広く確保できない地域に多く見受けられます。ひと昔前はこれだけでも価値が高かったのですが、ライフスタイルの変化や間取りの進化によって独立洗面脱衣所や脱衣所つきの物件が増えてきたことから、現

在ではそれほど価値が高くないことが特徴です（※地域によってはこのパターンが主要なケースもあり、その場合は価値が高くつくこともあります）。

Ⓓは**3点式ユニットバス**と呼ばれるもので**お風呂トイレが一緒**のパターンです。昭和50年代から平成初頭ごろの物件や、都内の狭小住宅に多く見受けられます。このパターンは今では好まれないことが多く、最も価値が低くなることが特徴です。

図4-4　お風呂とトイレ周りの4パターン

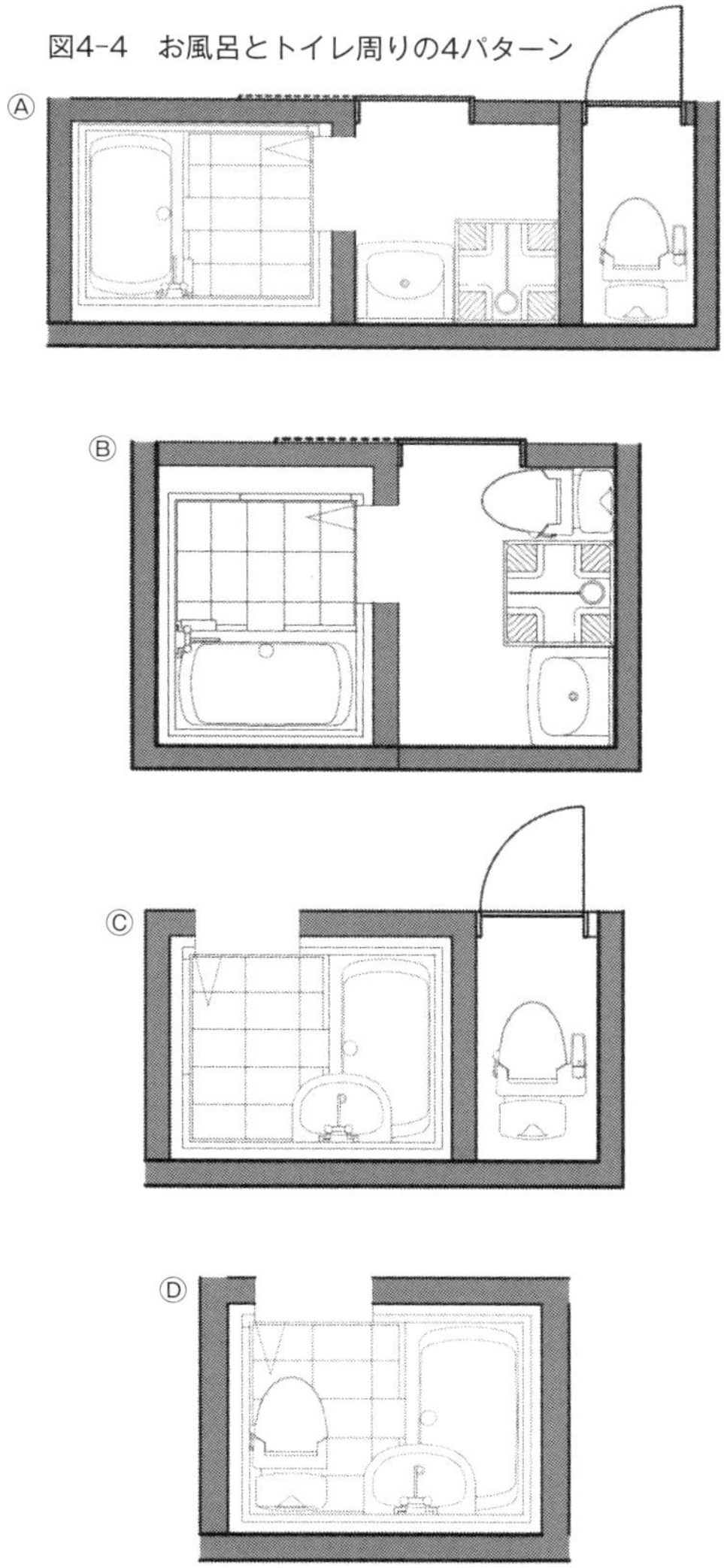

③キッチン……キッチンは特注でない限り、基本的にはサイズが決まっています。幅が90㎝、1m20㎝、1m50㎝、1m80㎝など様々ですが、それに加えて電気コンロかガスコンロかＩＨヒーターか、1口か2口か3口か、持込み型か備付け型かグリルつきのシステムキッチンか、を確認する必要があります。
価値の高い順に並べてみると次のようになります。

ガスコンロ＞ＩＨコンロ＞電気コンロ
（※ファミリー向けの場合は異なることがあります）
3口＞2口＞1口
システムキッチン＞備付け型＞持込み型

④洗濯機置き場……まず室内に置けるか室外に置くパターンかを確認します。室内に置くパターンであっても脱衣所なのか廊下部分に置けるかで価値は変わり、室外に置くパターンにおいてもバルコニーに置くのか、昭和50年代のアパートに多い共用部に置くのかで価値は変わってきます。価値の高い順に並べてみると次のようになります。

図4-5　築年によって戦略を変える

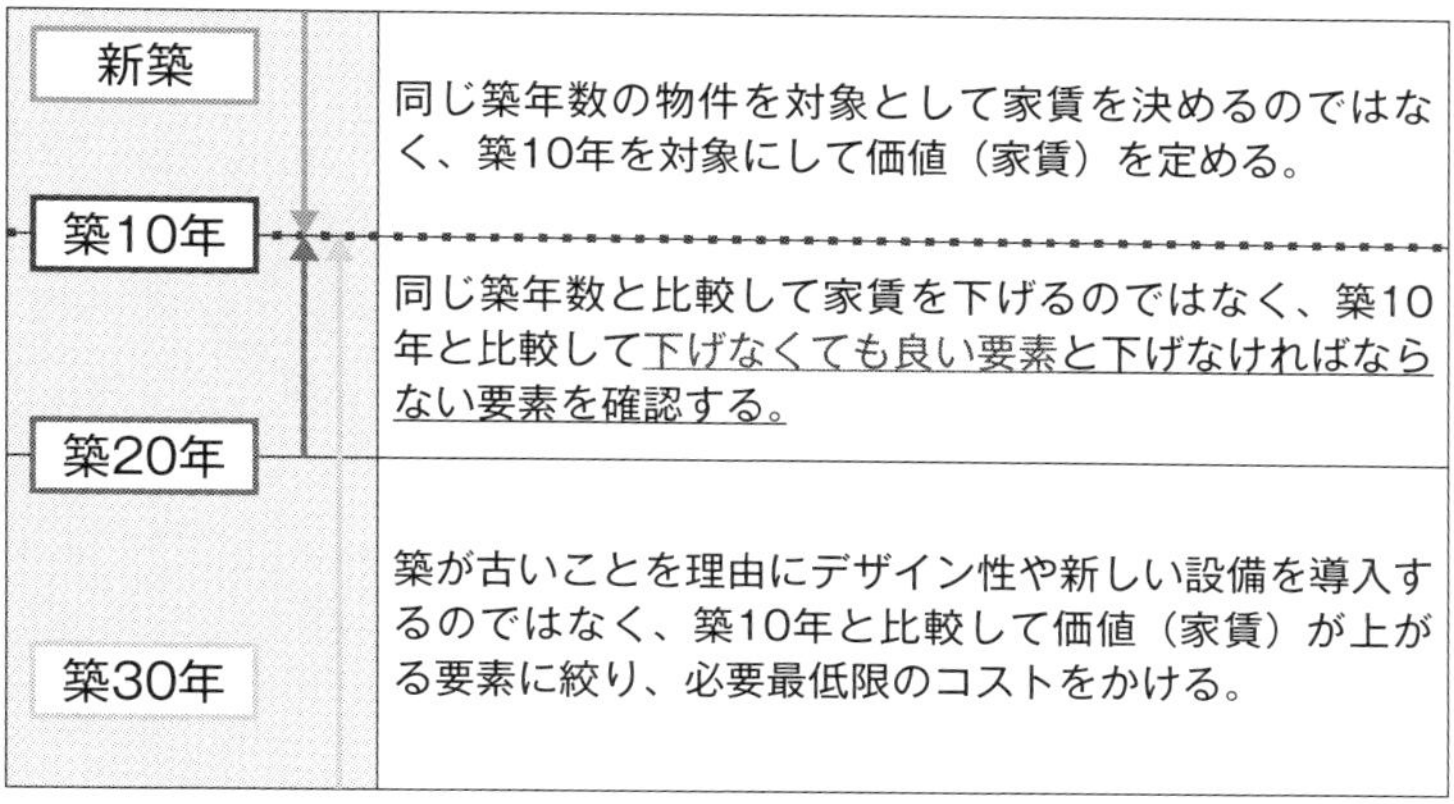
新築
築10年
築20年
築30年
同じ築年数の物件を対象として家賃を決めるのではなく、築10年を対象にして価値（家賃）を定める。
同じ築年数と比較して家賃を下げるのではなく、築10年と比較して下げなくても良い要素と下げなければならない要素を確認する。
築が古いことを理由にデザイン性や新しい設備を導入するのではなく、築10年と比較して価値（家賃）が上がる要素に絞り、必要最低限のコストをかける。

脱衣所＞室内廊下＞室内洗濯機置き場＞室外洗濯機置き場＞バルコニー＞共用部

⑤敷金・礼金……地域によって異なりますが、例えばある地域での一般的な条件が敷金０・礼金１か月で実際の物件が敷金０・礼金が２か月であった場合、価値は低下し、逆に敷金０・礼金０であった場合には価値が上がるイメージです。毎月の家賃に加え、契約時に払う費用も入居決定に大きな影響を及ぼす要素となるのです。

１つ注意すべきなのは、マンションタイプとアパートタイプは分けて考えるということです。代表的な違いをあげると、マンションタイプにはオートロックつきの物件が多いのに対し、アパートタイプはついていないことが多い、などです。

●基準を知ったうえで戦略を練る

ここまでに挙げたチェック項目をひとつひとつその地域の基準と比較し、物件の価値を具体的に把握することで、この先の戦略が見えてきます。

それでは物件の価値について、もうすこし具体的に考えていきましょう。

例えば図4－5のように、築10年より新しい物件の場合は築10年の物件と比較してみると、間取りや設備など価値が高い要素があるケースが多く、**プラスの価値**を見出すことができます。また築10年より古い物件の場合は、築10年のものと比較して間取りや設備面で劣るイメージですが、場合によっては同等もしくはそれ以上の要素が見つけ出せるケースも多々あります。

そういったことから、周辺の物件と比較して安易に家賃を合わせるのではなく、**下げなければならない要素と下げなくてもよい要素を見極める**ことが重要になります。

また築20年を超えた場合、リフォームやリノベーションを行うケースが多々見受けられますが、その場合、安易に資金を投下してあれもこれもと行うのではなく、まずは家賃を下げなければならない要素に重点を置き、資金回収期間も考慮に入れながら行っていくことがより効果的であると言えます。

それでは、ある地域の築10年1Kで最も多いパターンが、洋室7帖、脱衣所あり、1m20㎝のキッチンでガスコンロ2口、室内洗濯機置き場、敷金0、礼金1だったとして、シ

図4-6　要素を細分化し基準値と比較する

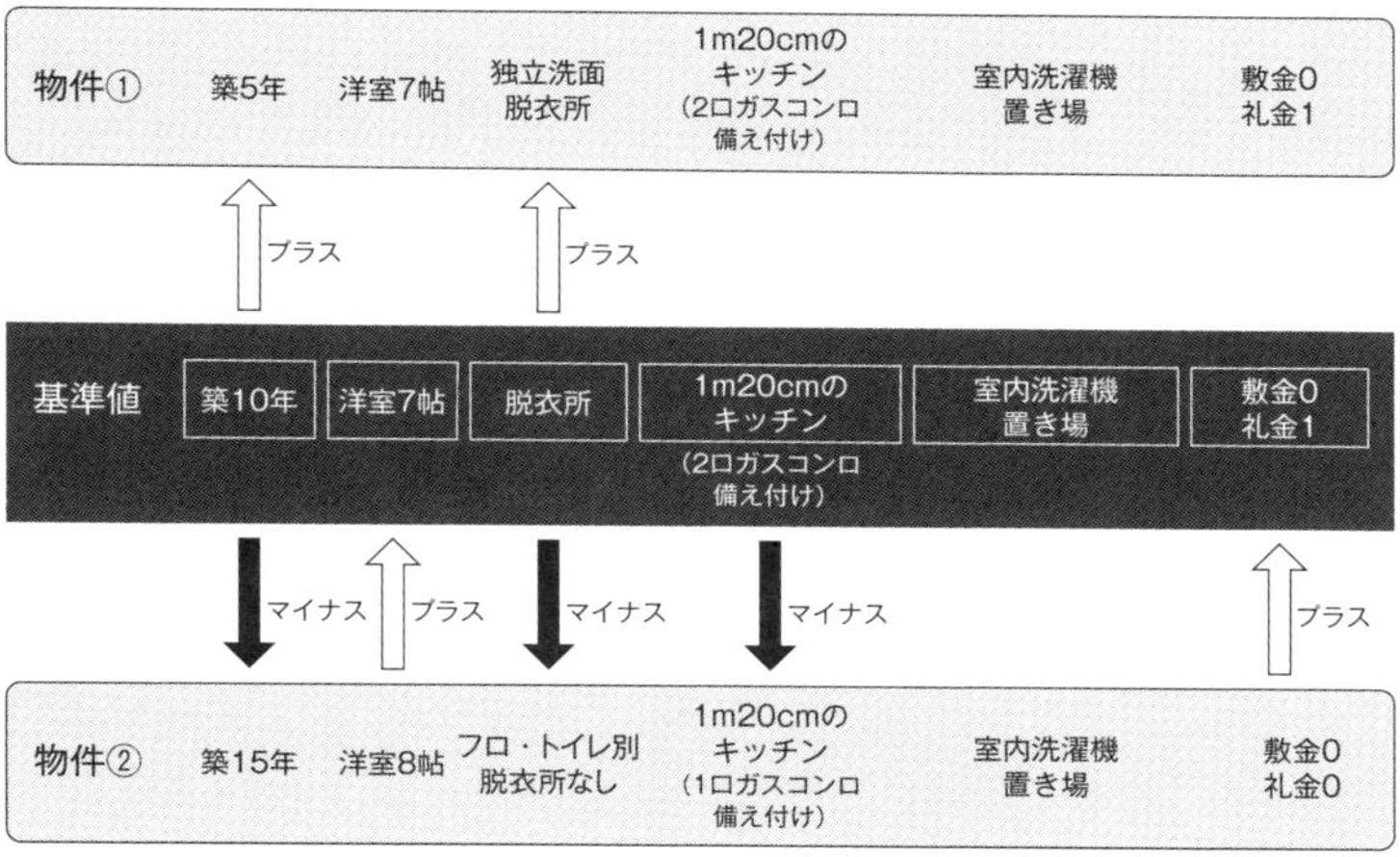

ミュレーションしてみましょう（図4－6）。

物件①の家賃価値を出す場合、周辺の築5年の物件と比較して家賃を合わせるのではなく、**入居決定に影響を及ぼす要素を細分化してそれぞれの価値を比較していく**必要があります。ここでは基準値と比べ、プラスとなるのは築年数と独立洗面脱衣所で、この2つの要素の価値の分だけ家賃を上げることができるのです。結果、物件によっては周辺の類似物件と比べ、収益が上がる可能性があるわけです。

次に、物件②の家賃価値を出す場合ですが、基準である築10年と比較するとマイナス要因が多いイメージを持たれる方も多いと思います。

しかし古い物件の中にもマーケットイン（入居者のニーズを重視する）の考え方で建

築された物件や、入居者のニーズに合わせてリニューアルした物件があります。ですから、築年数が古いという理由だけで安易に周辺の物件に家賃を合わせてはいけないのです。

そこで物件①と同じく細分化して見ていくと、築年数、脱衣所なしのお風呂トイレ別、1口ガスコンロは基準値と比較して劣ることからマイナスになります。

ここで注目したいのは、築年数が15年と古い物件であっても、基準値である**築年数が新しい物件に勝る要素がある**ことです。基準値と比べお部屋が8帖と広いのでプラス、敷金・礼金とも0ですので、ここもプラスとなります。もし周辺の物件が物件②より劣る場合、プラスの要素が加算された分、家賃の下げ幅は小さくなり、結果、収益が上がることにつながっていくのです。

このように、物件にはそれぞれ特徴があり、お客様はその特徴で良し悪しを判断し、物件への入居を決定していきます。

次の章では、その入居を決定づける特徴とは何か？　そしてその特徴はそれぞれどのくらいの価値があるのか？　を見ていきます。

第5章　物件の価値を分析する

●家賃に影響を及ぼす要素の価値を知る

前章では、物件にはそれぞれ特徴があり、その特徴によって価値が異なることを述べました。この章では、実際に物件のどのような特徴が家賃にどのくらいの影響を及ぼすのか、どうやってその価値を定めていくのかについて触れていきます。

お客様はお部屋を探すときに条件を提示しますが、必ずしも条件どおりの物件に決定するわけではありません。これはお部屋探しに限らず、日常生活において何らかの意思決定を行う際に起こっていることでもあります。

例えば、黒のスーツを買うつもりで店に行ったが実際には濃紺のスーツを買ったとか、恋人に3万円の予算でプレゼントを探していたが実際には5万円の物を買ったなど、当初の予定と異なる結果になったことは誰もが経験あるでしょう。

新築のマンションを買うときも同じです。新築の分譲マンションは階が上がるごとに100万円から200万円ずつ上がっていくのが一般的ですが、購入予算を3000万円と決めていたのに価格表を見せられるとあと200万円くらいならもう少し上の階がいいかな？　などと考えて、結果、３２００万円の物件を購入してしまう人も少なくありません。

日常生活では１００万円の購入意思決定をするのにはかなり時間をかけて検討する方が大半かと思いますが、いったん分譲マンションを買うという意思決定をしてしまうと、追加の１００万円や２００万円は、いとも簡単に決断してしまうものなのですね。

賃貸物件においても同様のことが言えます。例えば、

①家賃5万円までで探していた人が実際には5万５０００円で決まった。
②家賃5万円までで探していた人が実際には4万円で決まった。
③築年数10年程度までで探していた人が実際には築20年で決まった。
④築年数10年程度までで探していた人が実際には新築で決まった。

などということはよくあることです。

①では予算より５０００円高く借り、②では予算より1万円安く借りています。③では希望より古い築年数で、④では希望より新しい築年数で決めています。そう決めたのには、独立洗面脱衣所があったので予算をアップした、お部屋の広さが12帖あったので築年数は希望より古かったが契約をしたなど、理由はそれぞれあるはずです。

当初の希望と実際に決まった物件とのギャップには必ずそれだけの理由があり、**そのギ**

ヤップこそが家賃に影響を及ぼす要素であり、その価値が家賃差として現れているわけです。

過去に私が携わってきた数万件のお部屋を探すときの条件と実際に決まった物件のデータを俯瞰してみると、多少のブレ幅はあるものの、ある一定の数値が見えてきます。

つまり、この入居者の判断を基準に価値を定めていくことで、より効果的な家賃査定を行うことができ、収益を上げることにつなげることが可能になると考えられます。

それでは具体的に見ていきましょう。

●駅から物件に向かうまで

まずは最寄りの駅から物件に向かうまでをイメージしてみます。

お客様が重要視するのは駅から物件までの距離、歩いてどのくらいの時間がかかるか？です。これはどの地域にも共通していますが、よほどの事情がない限りは**徒歩10分が許容範囲**という方が大半です。これは数万件のデータで見ても裏づけがなされています。

つまり徒歩10分を基本軸に見ていくと、駅までの歩分が短ければプラス、長ければマイナスであるという見方ができるようになります。図5－1で見てみましょう。

お部屋探しをする人は、この最寄り駅からの距離を5分ひと区切りで判断し、それにより意思決定を行う傾向があります。イメージしやすくするために先述したお部屋を探すと

図5-1　駅から物件までの距離に見るプラスとマイナス

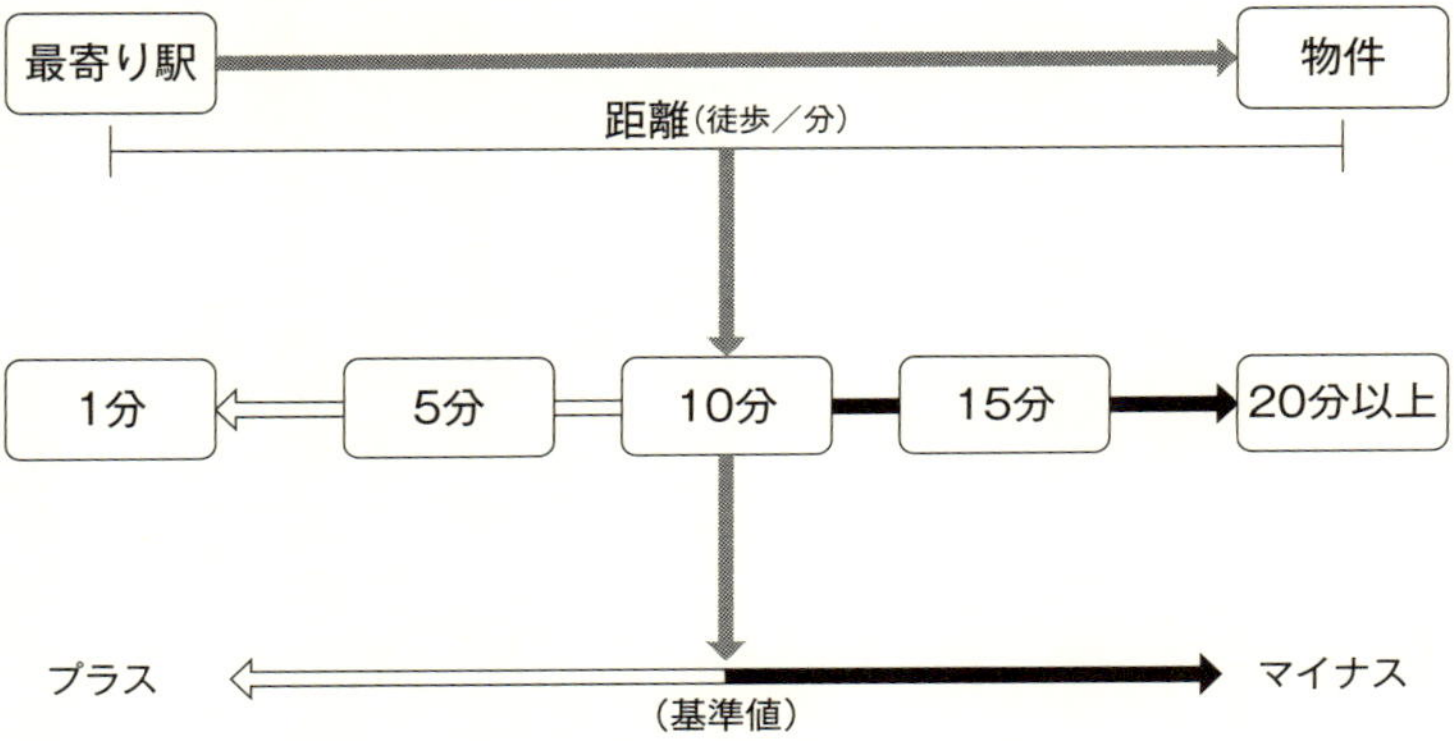

きのギャップをもう一度確認してみましょう。

家賃５万円までで探していた人が実際には５万５０００円で決まった、という場合を考えてみましょう。

当初の希望家賃より５０００円高い物件になったということですが、例えばその要因として、徒歩10分程度の立地で考えていたものが徒歩１分の立地で当初のすべての希望条件を満たす物件があった場合などが想定できます。

徒歩１分だと駅前になり、飲食店やコンビニなど生活をするうえで必要な環境が整っているイメージがありますよね。駅を利用する人が徒歩10分の物件に住んだ場合、雨の日は傘を差しても濡れてしまうのに対し、徒歩１分の物件なら傘を差しながらもあまり濡れずに家に着くことができます。

また、家に着いた後に買い忘れた物を思い出した場合なども、駅前の店まで10分歩くか自転車で向かうことになるのに対し、徒歩1分なら目の前なので即座に買いに行くことができる。そうしたメリットがあるのです。

そういった視点から実際のお客様の反応を見ていくと、駅からの距離が生む家賃のプラスマイナスは次のようになります。

最寄り駅から

徒歩1分……＋5000円
徒歩5分……＋3000円
徒歩10分……0円（基準値）
徒歩15分……－3000円
徒歩20分……－5000円
徒歩20分超……－7000円

その物件が最寄り駅から徒歩何分の距離にあるかによって、その地域の平均的な家賃にこの数字をプラスマイナスしていくことで、立地による価値を算出することができます。

最寄り駅からの距離によって家賃にプラス、マイナスをつけていくとき、お客様の意識はどのようになっているのでしょうか。おそらく、基準値よりもいい条件の場合は、この

図5-2　いくらだったら借りる？　いくらまで出せる？

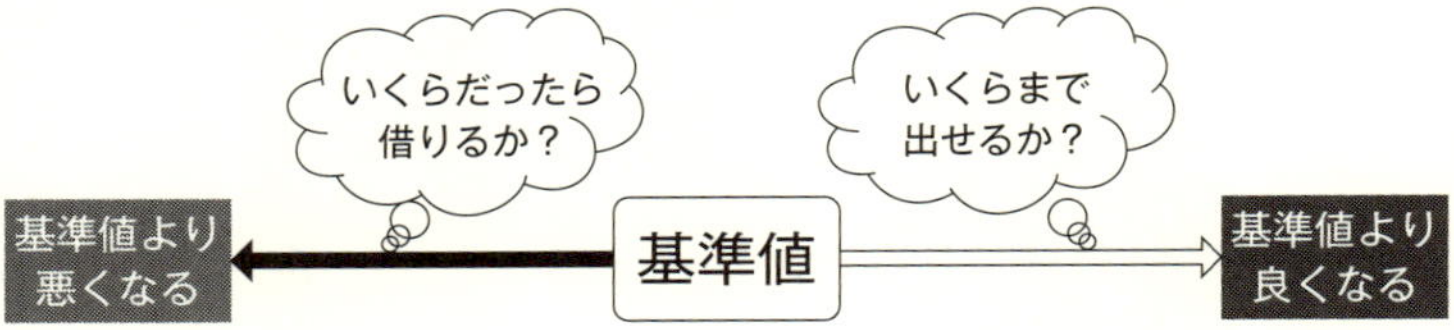

プラスの条件に対していくらまでなら出せるかと考え、基準値よりも悪い条件の場合は、このマイナスの条件に対していくら値引きしてもらえば借りるか、と考えているのではないでしょうか。そんなふうにイメージしてみると分かりやすいかもしれません（図５－２）。

地域における需給バランスその他の要素によって多少ぶれることはあるかと思いますが、当初の希望条件と決定後のギャップを分析してみると、ほぼ先ほどの数字に集約することができます。

ここまでは物件までの距離を見ましたが、次に影響を及ぼす要素として、物件にいくまでの道のりが平坦地であるか坂道であるか、があげられます。

最近では物件までの距離や歩分などをグーグルマップ等で調査される方が多いようですが、実はこのグーグルマップは大変優れもので坂道による歩く速度などを考慮して表示されるようになっています。冊子になっている住宅地図などは真上から見た平面による距離で測っているものもありますのでその点は注意が必要です。

図５－３を見てみましょう。

真上からの平面図で作成された地図の場合、図のように坂道の角度

図5-2　いくらだったら借りる？　いくらまで出せる？

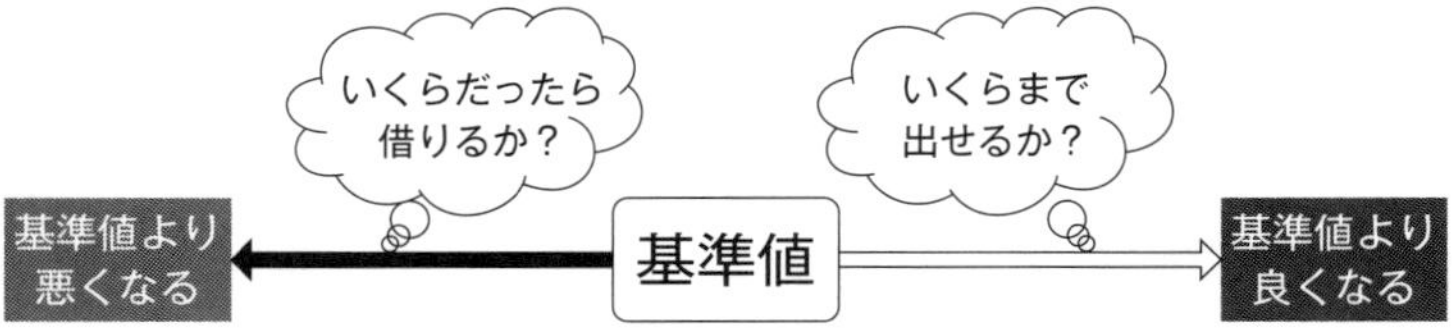

プラスの条件に対していくらまでなら出せるかと考え、基準値よりも悪い条件の場合は、このマイナスの条件に対していくら値引きしてもらえば借りるか、と考えているのではないでしょうか。そんなふうにイメージしてみると分かりやすいかもしれません（図5－2）。

地域における需給バランスその他の要素によって多少ぶれることはあるかと思いますが、当初の希望条件と決定後のギャップを分析してみると、ほぼ先ほどの数字に集約することができます。

ここまでは物件までの距離を見ましたが、次に影響を及ぼす要素として、物件にいくまでの道のりが平坦地であるか坂道であるか、があげられます。

最近では物件までの距離や歩分などをグーグルマップ等で調査される方が多いようですが、実はこのグーグルマップは大変優れもので坂道による歩く速度などを考慮して表示されるようになっています。冊子になっている住宅地図などは真上から見た平面による距離で測っているものもありますのでその点は注意が必要です。

図5－3を見てみましょう。

真上からの平面図で作成された地図の場合、図のように坂道の角度

図5-3　坂道だと実際に遠くなる

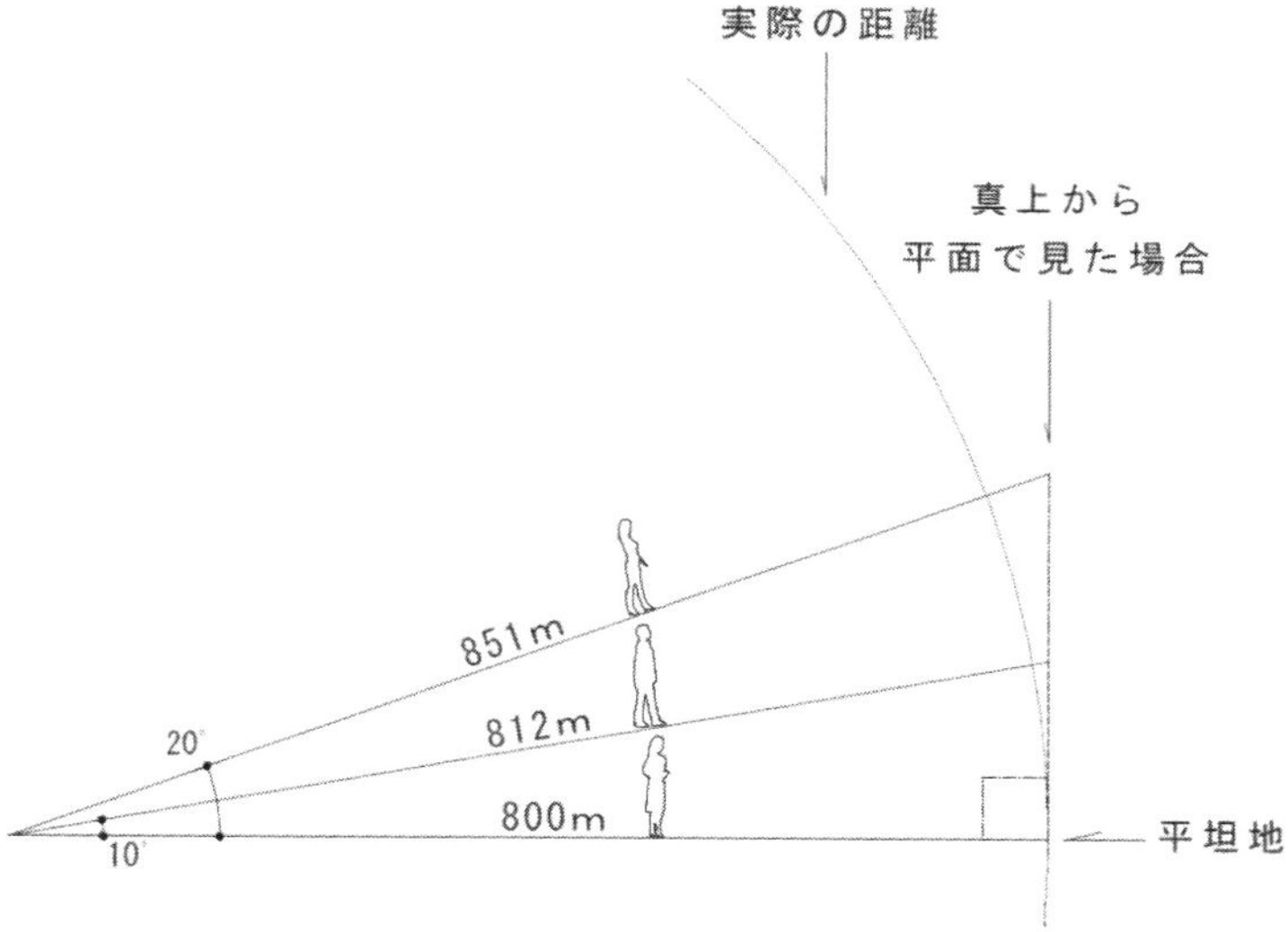

によって実際の距離は変わってきます。

不動産の場合80ｍ＝１分で表記されますから、単純計算すると、角度が10度の坂道の場合で８１２ｍ÷80ｍ＝約10分10秒ほど、角度が20度の坂道だと８５１ｍ÷80ｍ＝約10分40秒ほどと長くなります。さらに坂道を登るので身体に負荷がかかるし、その分時間も長くかかります。実際に現地に足を運んでみると「思ったより遠かった」ということになり、家賃に影響を及ぼすことになるのです。

それ以上に重視しないといけないことは、数値で見る以上にお客様は坂道に対する反応が敏感だということです。坂道に対して「運動不足だからちょうどいい」「足回りが強化されそうですね」などポジティブに捉えてくれる方はかなりの少数派です。緩やかな坂道であればさほど影響を受けませんが、見るからに体力を要する急な坂道などは内覧に向かう途中でマイナスの印象を与えてしまいます。

平坦地を0（基準値）とした場合、坂道はマイナス要因となり、平均的な数値として

物件までの道が坂道……ー5000円

という結果になってしまうのです。

次に影響を及ぼす要素として挙げられるのは、前述したように物件の近くに大きな墓地がある場合です。日々の暮らしのなかで窓やベランダのサッシをあけた瞬間に見える光景は、やはりインパクト大です。ごく稀に気にならないという人もいるかもしれませんが、大半の方はマイナスイメージを持ちます。そういったことから

墓地に面している……ー5000円

ということになります。あくまで日常的に見なくても見えてしまうというのがポイントで、近くに墓地があるだけではマイナス要因とはならないこともありますので注意が必要です。

最後に影響を及ぼす要素として線路沿いが挙げられます。なかには夜間に貨物列車が走る路線もあり、特に騒音面からマイナス要因を与えてしまうことが多々あります。ここでいう線路沿いとは物件そのものが線路に接していることをいい、特にバルコニーや窓に面して線路があることを指しています。

極端な話、線路沿いの物件は電車が通ると騒音で会話ができないことさえあります。終電まで我慢すれば問題ないという考え方もありますが、先に挙げたとおり鉄道会社によっては終電後に貨物列車が走ることもあり、家にいる間じゅう、常に騒音と格闘しなければなりません。本来、心休まるべき空間で逆にストレスになることも考えられます。当然、構造や防音設備の施し方によって少しは防ぐことも可能ですが、基本的にはマイナス要因として影響を及ぼしてしまいます。そういったことから

物件が線路沿い……－5000円

となるのです。

逆にプラスの価値としては、俗に言う**ブランド立地**などがあります。首都圏だと人気の町ランキングの常連である恵比寿や目黒、武蔵小杉を最寄り駅にした立地や、そのほかの特定の地名をもち需要と供給のバランスが崩れていない地域などは、その立地に建ってい

図5-4　駅から物件までの価値評価

駅までの時間（徒歩／分）	徒歩1分	＋5,000円	坂道	－5,000円
	徒歩5分	＋3,000円	墓地	－5,000円
	徒歩10分	0円（基準値）	線路沿い	－5,000円
	徒歩15分	－3,000円	歓楽街	－5,000円～
	徒歩20分	－5,000円	ブランド立地	＋5,000円～
	徒歩20分超	－7,000円		

るというだけで５０００円から７０００円のプラスの価値がつくこともあります。

逆もまたしかりで、歓楽街（特に風俗店が多いエリアなど）の中心にあったりする場合は５０００円から１万円のマイナスの価値がつくこともあります。

また最寄り駅から20分以上離れた地域は７０００円のマイナス価値としましたが、ある程度の商業施設など入居需要と生活環境が整っているような地域（例えば区画整理が行われ１つの街として形成されている地域など）は、駅からの距離による価値評価を加味せず、その地域の基準築年数、設備などを定めて家賃を算出すると良いでしょう。

ここで、最寄り駅から物件に向かうまでの価値をまとめてみると図５－４のようになります。

●建物としての物件の価値

ここでまず大事なことは、外観を見てどう感じるか？　きれいか？　古いと思うのか？　ということです。ここで築年数が大きく影響してきます。

先にも挙げたとおりポータルサイトでは、新築から10年までは2年ごとに、10年以上に関しては5年ごとに検索できるようになっています。ですが先述したように、実際のお部屋探しではお客様はもう少し大きな区分で意思決定を行っていきますので、そこまでの細分化は必要がないように思います。

実際の築年数においては次のようにまとめることができます。

新築から築3年まで……＋5000円
築10年未満……………＋3000円
築10年…………………0円
築15年まで……………－5000円
築20年まで……………－1万円
築21年以上……………－1万5000円

その地域の供給状況によって築年数による価値が変動するため、微調整をする必要が生じることもあります。また、マンションとアパートはそれぞれ違う見方をすることになりますが、マンションとアパートともに地域の下限（最低）家賃が必ずあって、基準の家賃が0になることはまずありません。

また、人について「見た目年齢」という言葉があって見た目が実際の年齢より若く（あるいは老けて）見えることを表しますが、同様に建物にも**見た目年数**があります。

お部屋探しの当初、築5年程度の物件を探していた人が築10年の物件で決定することは多々あるのですが、その要因の1つがまさに見た目年数なのです。メンテナンスや清掃が行き届いていて、とても築10年に見えないという良い第一印象を与えたところに、お部屋内部のプラス要因が加算されて当初の希望と結果にギャップが生まれるのでしょう。

ある程度、築年数が経過した物件を所有されている方が大規模修繕と称して外壁をデザイン性のあるものに塗り替えたり、エントランスや共用廊下などにも手を加えたりといったことは、見た目年齢を下げるという意味では合理的であるということが言えます。ただし、そうした大規模修繕を行う場合は、かけたコストが改善された収益により何年で回収できるのかについても、事前に厳密な計算をして確認する必要があります。

逆に築年数が新しくても清掃が行き届いていなかったりすると、**見た目年数**が上がってネガティブなイメージを与えてしまい、せっかくの価値が低下することもありますので注意が必要です。

さあ、いよいよマンション内に入っていきます。

図5-5　築年・オートロックの価値評価

		マンション	アパート
築年数	新築～3年まで	＋5,000円	＋3,000円
	築10年未満	＋3,000円	＋1,000円
	築10年	0円（基準値）	0円（基準値）
	築15年まで	－5,000円	－3,000円
	築20年まで	－10,000円	－5,000円
	築21年～	－15,000円	－10,000円
オートロック	あり	0円	＋3,000円
	なし	－3,000円	0円

ここでチェックするべき価値は**オートロック**です。セキュリティの観点から非常に評価が高い要素ですが、ここでも築10年で地域の物件を見た場合、マンションタイプ、アパートタイプともにオートロックがついている物件が大半であればそこが0、ついていない物件が大半であればそこが0、というように基準を設けることができます。

昨今の設備事情を見ると、マンションタイプは大半がオートロックつきの物件で、アパートタイプにはついていない物件が大半です。その基準で見ていくと

マンションタイプ
オートロックあり……………0円
オートロックなし……－3000円
アパートタイプ
オートロックあり……＋3000円
オートロックなし……………0円

ということになります。
ここまでの価値をまとめてみると図5－5のようになります。

●玄関ドアを開けてからの価値評価

建物の雰囲気を確認しながら、内覧する部屋に到着しました。いよいよ玄関ドアをあけ室内へと入っていきます。

①水回りの価値評価

まず目に入ってくるのは水回りです。
水回りでまず家賃に影響を及ぼす要素として挙げられるのは、お風呂トイレ周りです。
それには4つのパターンがあり、価値の高い順から並べると、

独立洗面脱衣所＞脱衣所＞脱衣所なし（お風呂トイレ別）＞脱衣所なし（お風呂トイレ一緒）

の順番であることは先述した通りです。

地域の基準となる築10年の物件にどのタイプが一番多いのかによって評価は変わってくるのですが、ここでは多くの政令指定都市で見られる傾向をもとに解説していきます。

マンションタイプの場合は脱衣所ありの部屋が、アパートタイプの場合は脱衣所なし（お風呂トイレ別）の部屋が多く見受けられます。これを基準に見ていくと

マンションタイプ
独立洗面脱衣所……………+3000円
脱衣所あり……………………0円
脱衣所なし（お風呂トイレ別）……－5000円
脱衣所なし（お風呂トイレ一緒）………－2万円
アパートタイプ
独立洗面脱衣所　……………+3000円
脱衣所あり……………………+1000円
脱衣所なし（お風呂トイレ別）…………0円
脱衣所なし（お風呂トイレ一緒）………－1万円

というイメージになります。

みなさんが単身でお部屋を探すと仮定してみましょう。脱衣所ありの家賃相場が6万円だったとして、3000円予算を上げることで洗面台つきの独立した脱衣所のある物件に住めるとしたらどうしますか？

このプラス3000円を日割りの金額に計算し直してみると、この場合、1日あたり100円です。コンビニのレジ横にあるちょっとした物を衝動買いしなければ、手が届く範囲内の、現実的な数字と捉えることができそうです。

次にお風呂とトイレが一緒の、いわゆる3点式ユニットバスのケースですが、マンションタイプとアパートタイプのマイナス幅が1万円も異なります。これは、そもそもそれぞれの基準が異なることや、賃料に差があることなどを考えると理解しやすいかと思います。

みなさんがお風呂トイレ別で探していると仮定した場合、お風呂とトイレ一緒の物件で決める場合がイメージしづらいかもしれません。ですが、例えば立地が良い（駅から近い、ブランド立地である、そこに地域に住む目的がある等）、お部屋の広さや収納が広いことなど、大きなプラスの要素があった場合は、お風呂とトイレが一緒の物件を選ぶ可能性が出てきます。

お風呂とトイレが一緒の場合、どうしてもネガティブなイメージが持たれやすく敬遠されがちですが、マイナスな部分とプラスの部分を組み合わせてみることで家賃設定や空室対策につなげていくことができるのです。

ここまでは主にワンルーム・1Kの単身層を対象にした内容です。1LDK以上のDINKS層やファミリー層を対象とした場合、お風呂とトイレが一緒、脱衣所がないといったケースはあまり見受けられず独立洗面脱衣所のパターンが大半ですので、基本的には対象外となります。ただし、旧公団の分譲賃貸住宅などは脱衣所がないことがあり、その場合は大幅なマイナスの価値評価となるケースもありますので十分注意が必要です。

②洗濯機置き場の価値評価

では、脱衣所がない場合、洗濯機置き場はどこになるのか？　という話になってきますが、ここでも価値評価が大きく変わります。政令指定都市で見られる傾向を基準に見ていくと、洗濯機置き場はマンションタイプでは脱衣所内に設置され、アパートタイプではバルコニーに設置されているケースが多く見受けられます（※アパートタイプは2008年頃から室内（廊下部分）に設置されているケースが増えてきたようですが、ここでは室外（バルコニー）に設置されていることを基準にしています）。

これを基準に価値評価を定めていくと、

マンションタイプ

室内（廊下部分など）……………………－1000円

脱衣所内……………………………………0円
バルコニー……………………………－1万円
なし（マンション内のコインランドリー等）……－2万円
アパートタイプ
室内（廊下部分など）………………＋2000円
脱衣所内（トイレと同じ空間の場合）……＋3000円
脱衣所内（独立洗面所内）……………＋5000円
※脱衣所内は水回りの価値を含みます
共用廊下……………………………－1万円

といったイメージになります。

洗濯機置き場はお部屋を探す人から見るととても重要な部分で、室外（バルコニー）設置の場合、雨ざらしになり洗濯機が汚れて痛みやすいなどの耐久性に関する問題や、冬場は寒いなど体感的な部分でのデメリットがあり、家賃に大きな影響を及ぼす要素の1つです。

また、マンションタイプには皆無ですが、昭和50年代前半のアパートタイプの物件には**共用廊下に設置する**ケースが稀に見られます。共用の階段を登ると「カンカン」と音がする建物だと言うと伝わるでしょうか。これはとくに敬遠されがちで、価値は大幅に下がります。

逆にアパートタイプにはなく、平成バブル期（昭和61年から平成3年くらいまで）に建築されたマンションタイプの物件に見られるのが、室内、室外ともに設置することができず、マンション内に設置された有料のコインランドリーを使用するケースです。

これはいくつもの点でマイナス視されます。まず費用面の問題。３日に１回洗濯したとして、月10回、１回の料金が２００円程度ですから月２０００円のコストがかかります。またコインランドリーは通常、マンションの１Fに設けられることが多く、上階に住む方は洗濯するときにエレベーターで１階まで行きスイッチを押して部屋に戻り、終わった頃にまた降りていく。乾燥機を使う場合は洗濯物を乾燥機に移してスイッチを押した後、また部屋に戻り、終わった頃を見計らってまた降りていき洗濯物をかごに入れて部屋に戻る。これを３日に一度行うとなると、「面倒だ」と思うのもごく当たり前だと思います。

これに加えて、洗濯物を人に見られる、あるいは盗まれる、狭い空間で見知らぬ人と一緒になるなど、防犯面でのデメリットもあります。こういった、住むうえでストレス要因となり得る要素が高いことから価値が大幅に下がる結果になってしまうのです。

ファミリー物件の場合は、室外（バルコニーや共用廊下）に設置するケースはあまり見受けられませんが、レアなケースとして、旧公団の分譲賃貸住宅などでは設置箇所そのものがないといったケースがあります。代表的な間取りを見てみましょう（図5－6）。

こうした物件は、洗面所またはキッチンからホースで洗濯機につないで給水し、ホースでお風呂場に排水することになります。全自動洗濯機だと給水箇所をねじで固定するため、いちいち取り外しをする必要が出てくるので、どうやって使ったらいいのか悩むところです。

そう考えると正直言って今の時代、この状況のままではこの物件は入居が決まる気がしません。実は、洗濯機置き場というのは、そのくらい入居を左右し、家賃への影響が大きいものなのです。

ではここまでの価値評価をまとめてみましょう（図5－7）。

③キッチンの価値評価

次に価値評価の対象として挙げられるものはキッチンです。単身物件であれば水回りに向き合うかたちで設置され、1LDK以上の物件になるとリビングに設置されているケースが大半ですが、ここではまとめて解説していきます。

キッチンにおける価値評価の対象は、キッチンのサイズ、種類（電気コンロ、ガスコンロ、IHヒーターなど）、型（持込み型、システムキッチンなど）、配置（カウンターキッチン、独立キッチン、オープンキッチンなど）が挙げられます。

図5-6　洗濯機置き場がない間取り

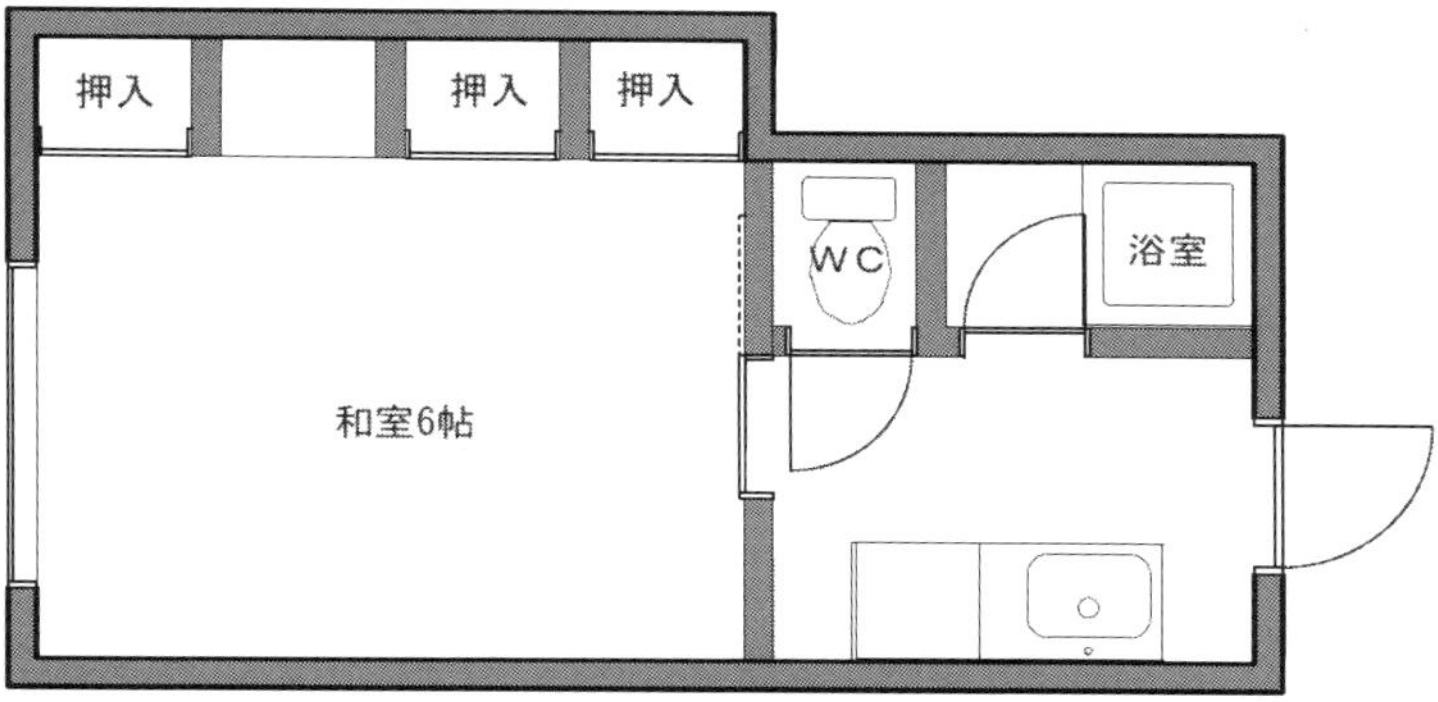

図5-7　風呂トイレ、洗濯機置き場の価値評価

		マンション	アパート
独立洗面脱衣所		+3,000円	+3,000円
脱衣所		0円	+1,000円
脱衣所なし（お風呂・トイレ別）		−5,000円	0円
脱衣所なし（お風呂・トイレ一緒）		−20,000円	−10,000円
洗濯機置き場	室内（廊下部分等）	−1,000円	+2,000円
	脱衣所内 ※脱衣所内は水回りの価値を含みます。	0円	+3,000円（トイレと同じ空間の場合）
			+5,000円（独立洗面脱衣所内）
	バルコニー	−10,000円	—
	なし（マンション内のコインランドリー等）	−20,000円	—
	共用廊下	—	−10,000円

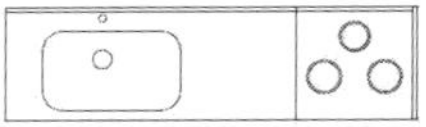

2m10cm

2m40cm

それでは１つずつ見ていきましょう。

キッチンのサイズ……注文住宅などの場合、用途に合わせたサイズでつくることもありますが、賃貸マンション・アパートに関しては大半が商品化されたものが使われています。シンク、カットスペース、コンロなどを見ながらイメージしてみましょう。

・90㎝のキッチン……昭和60年代から平成７～８年頃に建築されたマンションタイプの物件に多く見受けられ、専有面積が18㎡未満のお部屋に採用されているケースが多く、カットスペースがなくコンロは一口、シンクも小さめ、昭和60年代から平成初期までは電気コンロ、それ以降はガスコンロが多いことが特徴です。料理をされる方には使い勝手が悪いということで、あまり好まれません。

・１ｍ20㎝のキッチン……専有面積が20㎡前後の単身物件に使われているケースが多く、コンロ持込み型やグリルのないビルトイン２口コンロなどがあります。単身物件の視点で見ると基準サイズですが、１ＬＤＫ以上の物件で見ると基準以下のサイズとなり、その結果、価値評価の低下

図5-8　キッチンのサイズのいろいろ

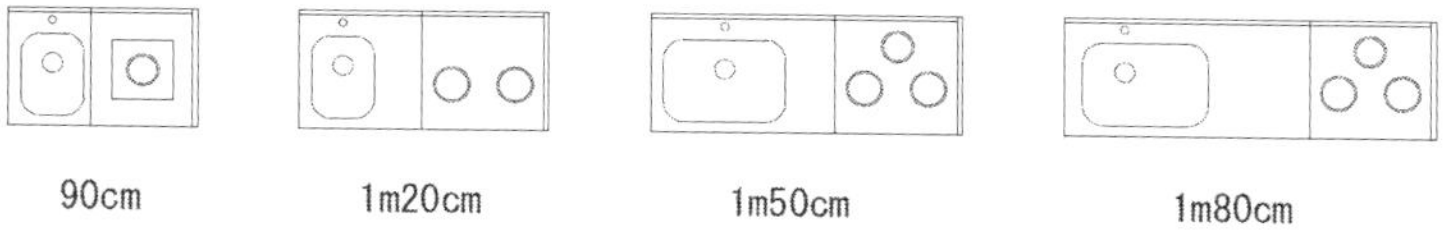

につながります。

・1m50cmのキッチン……専有面積が25㎡～30㎡前後の単身物件または1LDKに使われているケースが多く見受けられます。1m20cmと同様、コンロ持込み型やグリルのないビルトイン2口コンロが多いのですが、最近では3口のコンロを採用するケースも増えてきています。単身物件としては基準サイズより大きいことから価値は上がり、1LDKタイプでは基準サイズ、2LDK以上のタイプでは基準サイズ以下となります。

・1m80cmのキッチン……専有面積が35㎡以上の物件に多く見受けられグリルつきのビルトイン3口コンロが大半です。35㎡未満においても採用されているケースはありますが、従来のサイズより幅が広がるためリビングや居室が面積の影響を受けることから、その部分でマイナスの価値になることがあります。1LDKタイプでは基準サイズよりも大きく価値は上がり、2LDK以上のタイプでは基準サイズとなります。

・2m10cmのキッチン……専有面積が60㎡以上の2LDK、70㎡以上の3

ＬＤＫに多く見受けられます。２ＬＤＫ以上では基準サイズより大きくなることから価値は上がりますが、戸建賃貸など空間が広い３ＬＤＫなどではこのサイズが基準となります。

・２ｍ40㎝または２ｍ55㎝のキッチン……賃貸住宅において採用される最も大きなサイズです。シンクが２ついていたりビルトインの食器洗い機が搭載されているなど機能性が高いキッチンです。キッチンの奥行きや幅が広いことから、ある程度の専有面積が必要となります。

キッチンは入居者の人数（家族構成）や料理の頻度によって価値が変動するため、一概に大きければいいというものでもありません。例えば、20代前半の単身層を対象とした物件を新築またはリノベーションを行う際には、無理に大きなサイズのキッチンを採用するのではなく、居室やリビングの広さを確保することを一番に考え、そのうえで最大限のキッチンを選択することが重要になります。

「キッチンは大きいに越したことはないが、それによって家賃が上がるのであれば、ワンランク下のサイズで家賃が安いほうが良い」というのが入居者さんの本音でしょう。よってサイズが大きければ価値が上がるということではなく、対象とする入居者層に合わせてサイズを定めていくことが重要なポイントになります。

またキッチンにはサイズに加え、電気やガス、ＩＨなどコンロの種類や口数も家賃に影響を及ぼす要素として挙げられます。優劣をつけると

【種類】　ガス、ＩＨ＞電気

【口数】　３口＞２口（ビルトイン）＞２口（持込み型）＞１口

といったイメージになります。

また、例外を除きキッチンのサイズによってコンロの口数は次のように統一化されています。

キッチンが90cm……………１口
キッチンが１m20cm………１口または２口（※地域による）
キッチンが１m50cm………２口
キッチンが１m80cm以上……２口（※ファミリー物件の場合は３口）

水回り同様、政令指定都市に現存する物件の傾向を参考に、キッチンの価値を査定する

と次のようになります。

マンションタイプ
電気コンロ1口（90㎝～1ｍ20㎝の幅）……………………－1万円
ガスコンロ1口（90㎝～1ｍ20㎝の幅）…………………－5000円
ガスコンロ2口持込み型（1ｍ20㎝～1ｍ80㎝の幅）………－3000円
ガスコンロ2口ビルトイン（1ｍ20㎝～1ｍ80㎝の幅）……………0円

アパートタイプ
電気コンロ1口（90㎝～1ｍ20㎝の幅）……………………－1万円
ガスコンロ1口（90㎝～1ｍ20㎝の幅）…………………－2000円
ガスコンロ2口持込み型（1ｍ20㎝～1ｍ80㎝の幅）……………0円
ガスコンロ2口ビルトイン（1ｍ20㎝～1ｍ80㎝の幅）………＋3000円

これはワンルームや1Kなどの単身者を対象にした物件の場合で、1LDK以上の間取りで入居対象がDINKSやファミリー層になると基準となる大きさが変わってきます。1LDKであれば持込み型または2口ビルトイン（※3口あったらうれしいが2口でも足りるといった声が多い）が基本で、コンロ1口の物件は稀です。2LDK以上の物件であれば３口の物件も多いと考えられます。

キッチン周りで次に家賃に影響を及ぼす要素として挙げられるのが、冷蔵庫スペースと食器棚スペースです。これもマンションとアパートで基準が異なります。

１ＬＤＫ以上の間取りの場合は大半がキッチン周りにスペースが確保されていますが、ワンルーム、１Ｋなどの単身向け物件の場合、専有面積が限られていることから物件によってずいぶん様子が違ってきます。キッチン横に冷蔵庫が設置できる場合は居室をフルに使用することができますが、設置できない場合は冷蔵庫を居室に設置するため、扉の開閉も加味すると実質1帖分スペースが減ることになって価値はマイナスになります。

また食器棚スペースも同様で、単身物件では面積の関係からキッチン横に置けないケースが大半です。単身者は料理をしないからそもそも必要ないのではないかという声も聞こえてきそうですが、最近は**弁当男子**なる言葉も出てきているくらいで、男性でも職場に自分で弁当をつくって持ってきたり、外食せず自炊したりといった方も増えてきているようです。そういったことからも食器棚スペースがあるのはプラスの価値になるのです。

玄関ドアを開けて居室に向かうと、居室とキッチンを仕切るセンタードアと呼ばれる扉があります。そもそもワンルームと１Ｋの違いはそこに扉があるか否かです。キッチンと

図5-9　キッチンの価値評価

		マンション	アパート
キッチン	電気コンロ1口 (90cm～1m20cmの幅)	−10,000円	−10,000円
	ガスコンロ1口 (90cm～1m20cmの幅)	−5,000円	−2,000円
	ガスコンロ2口持込み型 (1m20cm～1m80cmの幅)	−3,000円	0円
	ガスコンロ2口ビルトイン (1m20cm～1m80cmの幅)	0円	+3,000円
冷蔵庫スペース		0円	+2,000円
食器棚スペース		+2,000円	+2,000円
ワンルームタイプ		−3,000円	−5,000円
センタードア		0円	0円

お部屋の間に扉がないワンルームタイプは「玄関からお部屋が丸見えになる」「料理をしたときに匂いがこもりやすい」などの声が多く、１Ｋタイプと比べて敬遠されがちでマイナスの価値となることが特徴です。

それではこれまでの価値をまとめてみましょう（図５－９）。

●居室に入ってからの価値評価

玄関から室内に入り、お風呂やトイレ、キッチンなど水回りを見てきたので、ここでは居室に関する価値を説明していきます。

お部屋に関して重要なのは、専有面積よりもむしろ実際に使う部分の広さが何帖あるかだということは先述いたしました。ワンルームや１Ｋタイプであれば居室の広さ、１ＬＤＫ以上であれば居室とリビングなどがそれに該当します。

①居室の広さの価値評価

居室は一般的に6帖～7帖が多く、そこが基準になります。6帖と7帖に価値の差はないのかと思われそうですが、実際にお客様が来店した際にアンケートを書いてもらうと、広さについて8帖以上と書く人は多くいても7帖以上と書く人はあまりいないものです。一般に6帖間になじみがあるのか、ポータルサイトで探しても6～7帖が混在し、物件の大半を占めていることに起因しているかもしれません。

そのため、価値が高まるのは広さ8帖以上の居室ということになり、特に10帖以上の居室は全国的に意外に少なく希少価値があります。居室に関する価値は次のとおりです。

マンションタイプ
洋室8帖以上10帖未満……＋2000円
洋室10帖以上…………＋5000円

アパートタイプ
洋室8帖以上10帖未満……＋1000円
洋室10帖以上…………＋7000円

マンションタイプとアパートタイプの価値に差がついている理由は供給数です。先述したとおり、特に10帖以上の居室は少なく、アパートタイプではさらに希少なことから、それぞれ付加価値がつくとイメージすると分かりやすいでしょう（※地域によって異なります）。

②居室の形の価値評価

居室の広さと同時に影響を及ぼす要素がもう1つあります。それは居室の形です。単身物件の場合は建築をするときに戸数を確保するためにお部屋の幅を最低限度にする傾向があります。よって図5－10の上のように居室の形が長方形になっている間取りが大半です。一方、下は同じ広さで正方形の間取りにしてみた場合のレイアウトです。２つを比較してみましょう。

いかがでしょうか？　同じ広さでもお部屋の幅が広がると入った瞬間、視覚的に広く感じます。そしてベッドやソファ、テレビ、ローテーブルなどの配置がしやすいことが分かるかと思います。住むうえで生活空間を楽しむことは大変重要ですので、内覧時の反応は良く、長方形の間取りと比べて価値は高まります。

その結果、マンションタイプ、アパートタイプともに

図5-10　長方形の間取りと正方形の間取り

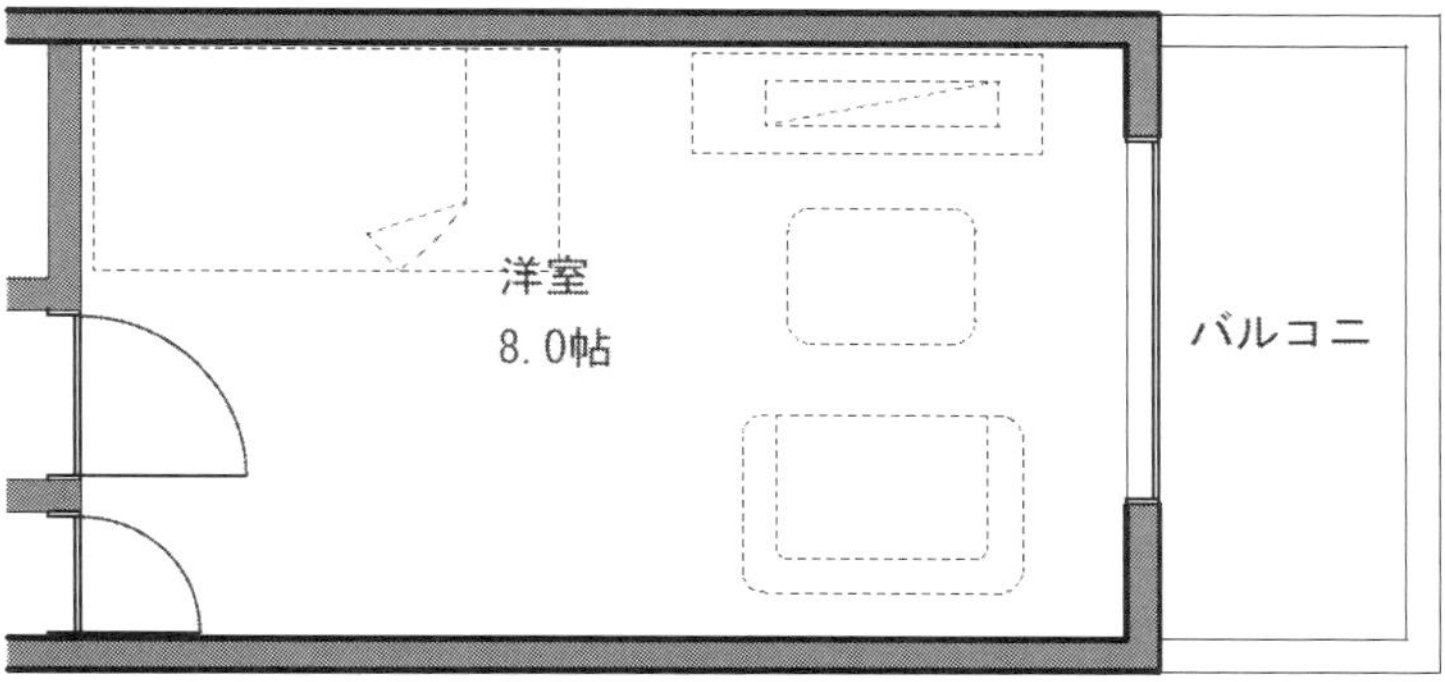

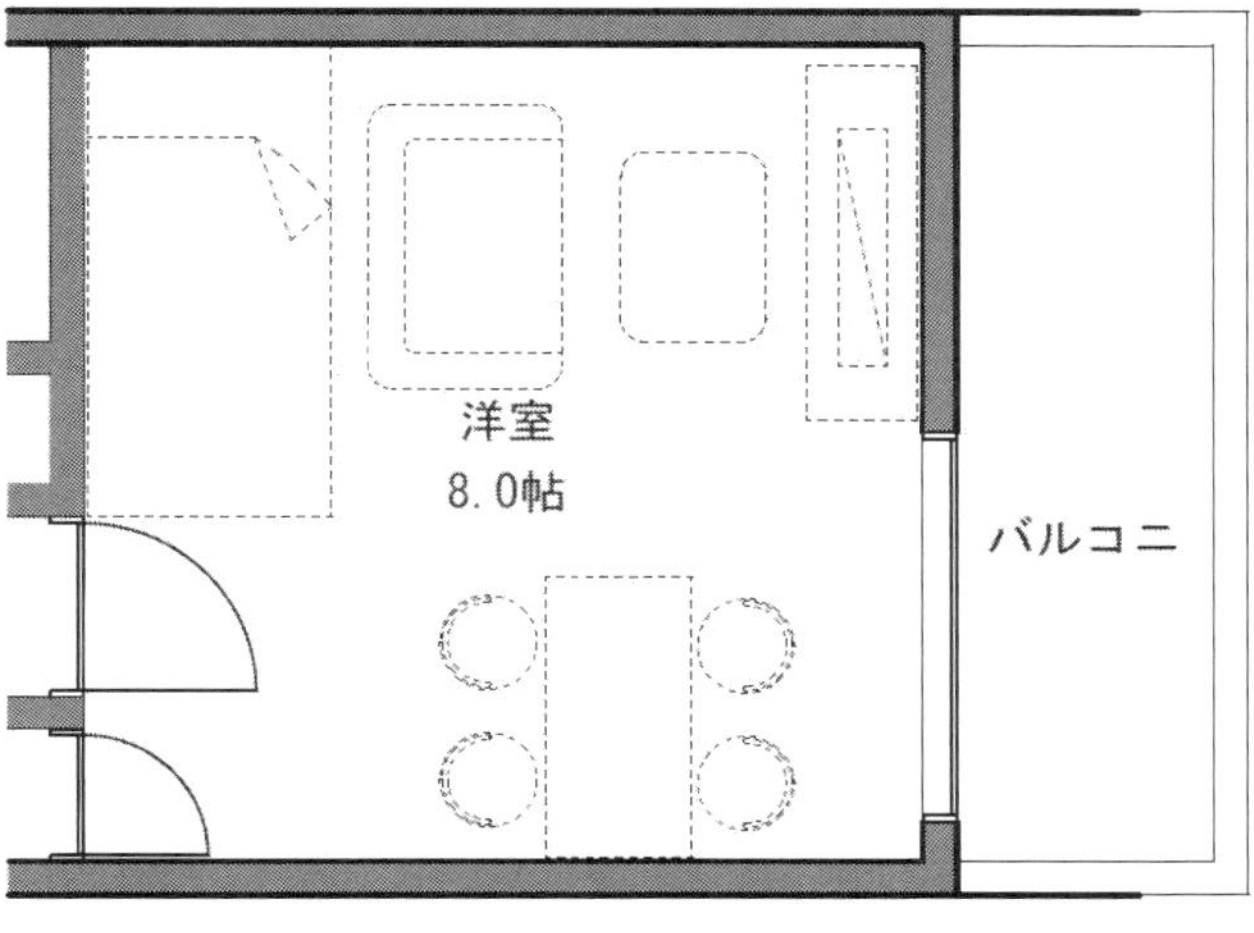

居室の形が正方形…………＋1000円

となります。

③洋室／和室の価値評価

また居室は洋室だけではなく和室の場合もあります。３ＬＤＫ以上の間取りや一戸建ての場合は和室が１部屋あるほうが好まれますが、３ＬＤＫ未満の場合、年齢層的にも若い世代が多いことから和室は好まれません。よってマンションタイプ、アパートタイプともに和室の価値は次のようになります。

ワンルーム、1K、1LDKの場合

和室…………………………－1万円

2LDKの場合

和室（1部屋あたり）……－5000円

ただし、２ＬＤＫ以上の場合は、年齢層や賃貸物件に住んだことのある経験（年数）により和室に対する考え方が異なることから、単身物件とは価値が異なってきます。

④収納の価値評価

もう1つ、家賃に影響を及ぼす要素として収納が挙げられます。

人は一度入居すると月日が経つにつれて自然と荷物が増えていくものです。特にモノを大事にする方やコレクターの方などはなおさらです。ですから収納の大きさが価値評価に影響するのは当然だと言えるでしょう。

収納はキッチンなどの住設機器と違って既製品がなく、お部屋によって異なることから、どのくらいの幅があれば価値は高くなるのかを見ていきます。

人が収納を見たときに広いと感じるのは、収納の幅が合計で1m50㎝を超える場合です（※単身物件の場合）。1m50㎝というのがイメージしにくいかもしれないですが、例えば会社などのオフィスの床に敷かれているカーペットタイル（正方形のものがつながっているものです）なら、タイル1つの幅が50㎝なのでそれが3つ分。あるいはA4のコピー用紙の長辺がほぼ30㎝なのでこれを5枚つなぎ合わせた長さです。

また年齢層にもよりますが、男性と比べてやはり女性のほうが収納を重視する傾向があるようです。ただし、最近では年齢によっては男性でも収納にこだわる方も増えてきていることから、収納の価値は統一されつつあるのが現状です。

逆に、収納を見たときに「この部屋は収納が狭いので住みたくない」と思わせる幅は、これまでの経験上、50㎝前後です。また稀ですが収納がない間取りもあります。

マンション・アパートともに収納の価値評価は次のようになります。

収納（クローゼット）1m50㎝超

男性の場合…………＋2000円

女性の場合…………＋4000円

収納幅が50㎝前後…………－2000円

収納なし…………－4000円

⑤ロフトの価値評価

次に見るべきは、収納スペースあるいは寝るスペースとして活用されるロフトです。

マンションタイプの場合、構造の関係上、全室にロフトをつけることは基本的に難しく一般的には最上階のみといったケースが大半であることから希少性があり価値は高まります。

一方で構造上の自由度が高い木造はロフトがついていることが多いため、アパートタイプではその価値は異なります。また近年ではロフトが一般的になり、ロフトに上るまでの高さが数メートルあることから「上り下りが面倒くさい」「梯子で上るのがこわい」などのイメージを持たれている方も多いようで、梯子ではなく階段を設置することも増えています。

そういったことも加味するとロフトは次のような価値評価になります。

マンションタイプ

梯子の場合…………＋3000円

階段の場合…………＋5000円

アパートタイプ

梯子の場合…………0円

階段の場合…………＋3000円

⑥1Fの価値評価

次は1Fという位置です。特に女性の方は防犯の関係上、洗濯物が盗まれやすい、室内に侵入されやすいなど、必ずといっていいほど1Fの物件を敬遠されます。しかしながら近年では、スキップフロアで1Fの高さそのものが上がり防犯性が高まっている物件や、防犯シャッターつきの物件も増えてきていますので、そこも加味して見ていく必要があります。

マンションタイプ
通常の1F……………………………－3000円
防犯シャッターつきの1F……………0円
バルコニーが高い1F（侵入されにくい）……＋5000円
アパートタイプ
通常の1F……………………………－5000円
防犯シャッターつき1F………………0円
バルコニーが高い1F（侵入されにくい）……＋3000円

マンションタイプにおいては特に単身物件の場合、十数年前から1Fに居室を設けないケースが多いことから、アパートタイプと比べて価値のマイナス幅は小さくなっています。また、マンションタイプの1Fでバルコニーの位置が高い物件は全国的に見ても希少価値が高いことから、アパートの同タイプに比べてプラス幅が大きくなっています。

⑦インターネット設備の価値評価

次に家賃に影響を及ぼす要素として、人気設備ランキングで常に上位にランクインしているインターネット設備が挙げられます。最近ではスマートフォンやipadなどタブレットの普及によりその価値は薄まりつつありますが、現時点ではまだ有効です。

いくつもの政令指定都市ではマンションタイプは有料（個別契約）、アパートタイプは無料のケースが多く見受けられるため、インターネット環境の価値は次のようになります。

マンションタイプ

無料…………＋３０００円

有料……………………０円

アパートタイプ

無料……………………０円

有料…………－３０００円

最近ではかなりスマートフォンやタブレットが普及していますので、今後はｗｉｆｉ環境を整えることが価値の向上につながると考えられます。これも注意が必要です。

⑧メゾネットタイプの価値評価

もう1つ、少し特殊なものとして、1F部分と2F部分を1つの空間としたメゾネットタイプがあります。東京23区、特に中心部は希少性があり価値が高くなるケースがあるようですが、その他の地域では価値がつかない（+−0円）というケースが大半です。特に単身物件のメゾネットタイプの場合、1F部分が水回り（お風呂、トイレ、キッチンなど）、2F部分が居室となっているケースが多いのですが、実はこれが意外と不人気です。

例えばカップラーメンを食べようと居室から1F部分に20数段の階段を下りてキッチンに向かい、湯を沸かします。いったん2Fに戻り、沸いた頃を見計らってまた1Fへと下りていきます。カップラーメンにお湯を注いだら、ラーメンと箸を持ってまた2Fへと上ります。これを想像しただけで、「面倒くさい」という印象を与えてしまうのです。

2LDKまでの間取りの場合もこれと同様で、3LDK以上の間取りになってようやくプラスの価値がつくというイメージを持っておくとよいでしょう。

⑨募集条件の価値評価

お部屋に関すること以外で家賃に影響を及ぼす要素が募集条件です。敷金・礼金0が当たり前の地域もあれば、敷金1か月、礼金1か月の地域もあるなど様々です。例えば敷金1か月、礼金1か月が一般的な地域の場合、敷金・礼金0だと借りやすくなるため、それだけで価値は高まります。近年では入居時の契約費用を抑える（フリーレントや鍵交換費用無料など）条件も急激に増えています。そうした対策も地域によっては有効でしょう。
こうした契約条件の価値は次のようになります（※一定の供給が続いている地域の場合）。

マンションタイプ
敷金・礼金0……+3000円
契約費用が安い……+2000円
アパートタイプ
敷金・礼金0…………0円
契約費用が安い……+2000円

これは特に単身物件に見られる傾向で、マンションタイプ・アパートタイプともにその地域における募集状況がどういう状況かで価値は変わってきます。また1LDK以上の物件においては、まだまだ敷金・礼金0の物件は希少価値が高い地域が多いので有効でしょう。これまでの価値評価をまとめると図5-11のようになります。

図5-11　居室その他の価値評価

		マンション	アパート
洋室	8帖以上10帖未満	＋2,000円	＋1,000円
	10帖以上	＋5,000円	＋7,000円
部屋の形が正方形		＋1,000円	＋1,000円
和室	単身物件	－10,000円	－10,000円
	ファミリー物件 （1部屋あたり）	－5,000円	－5,000円
収納（1m50cm以上の幅 または2つ以上）	男性	＋2,000円	＋2,000円
	女性	＋4,000円	＋4,000円
	幅が50cm前後	－2,000円	－2,000円
	収納なし	－4,000円	－4,000円
ロフト	梯子の場合	＋3,000円	0円
	階段の場合	＋5,000円	＋3,000円

1F	通常の1F	－3,000円	－5,000円
	防犯シャッター付	0円	0円
	バルコニーが高い （侵入されにくい）	＋5,000円	＋3,000円
インターネット設備	無料	＋3,000円	0円
	有料	0円	－3,000円
契約条件	敷金・礼金0	＋3,000円	0円
	契約費用が安い	＋2,000円	＋2,000円

図5-12　縦間（上）と横間（下）

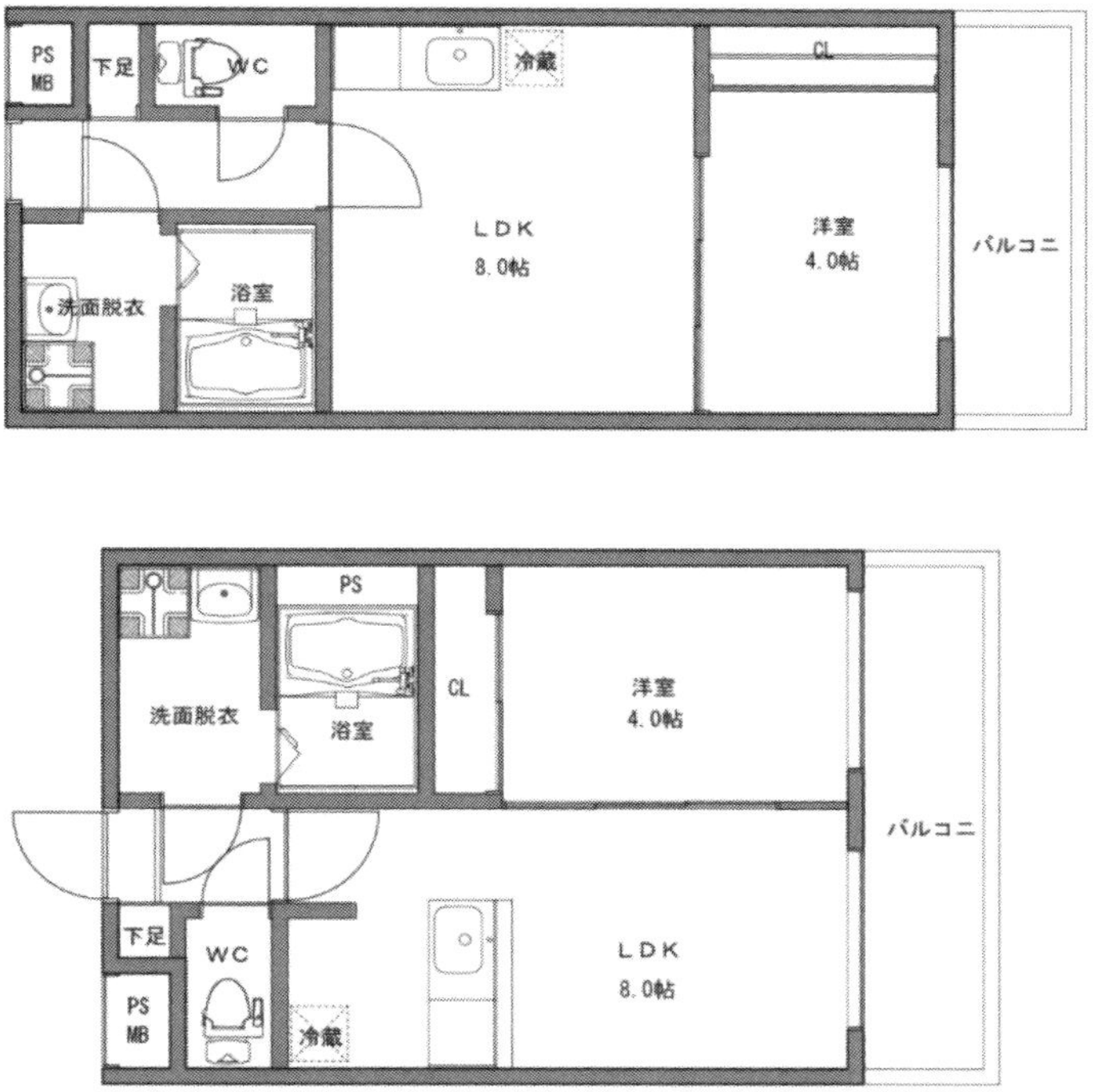

⑩縦間／横間の価値評価

　単身物件にはなく、1LDK以上の間取りで家賃に影響を及ぼす要素もあります。いわゆる縦間と横間です。図5－12のうち上が縦間で下が横間です。

　この場合、横間のほうが使いやすいことから価値は高くなります。どちらが多いかは地域によって大幅に異なりますので、縦間の物件が多い地域は**横間が5000円前後のプラス**

の価値になり、横間が多い地域は縦間が**5000円前後のマイナスの価値**となります。

⑪キッチンの位置の価値評価

1LDK以上のお部屋の場合、キッチンの位置によってリビングのレイアウトは大幅に変わります。図5－13の上のように、炊事をする場合にリビングに背中をむけるような壁付けのキッチンは、下のような独立型のキッチンと比べてやはり敬遠されがちで、**5000円前後のマイナスの価値**となります。

⑫温水洗浄便座の価値評価

今ではなくてはならないほどにユーザーが多いと言われているアイテムですが、実は賃貸物件の場合、特に家賃に影響は与えません。あればベターだけれどなければ自分で買えばいいという方が多いのが現実です。費用的にも安価なことが影響しているのかもしれません。

⑬追い炊き機能の価値評価

お風呂の追い炊き機能は、検索サイトなどでは人気設備ランキング上位の常連ですが、実は間取りによって価値が異なります。ここ数年に建築された1LDKのアパート・マンションにはついているケースが増えたものの、まだまだ価値は高いです。よって**5000円前後のプラスの価値**がつくイメージです。ただし、2名以上の家族向けにのみ効果的で、単身層を対象にした物件だと価値評価は上がりません。この点は注意が必要です。

⑭庭の価値評価

庭つきの部屋とはつまり1Fになりますが、防犯上の対策がある程度、施されている場

図5-13　壁付けキッチン（上）と独立型キッチン（下）

合に限り価値は上がります。知人を呼んでバーベキューをする、テラスをつくり読書をするなど利用価値が高いことから、**3000円前後のプラスの価値**がつくことがあります。

●価値を定めたあとにやるべきこと

これまで家賃に影響を及ぼす要素についてお話をしてきました。これらの要素をよく知ることで、物件の正しい価値を把握し、適正な家賃設定をするのに役立てることができます。

しかしながらより正しい価値を把握したとしても、それが情報を伝えたい人に伝わらなければ意味がありません。そこでここでは、入居者さんを探してくれる仲介会社さんにその価値を伝えることを中心にお話をしていきます。

仲介会社さんは、大手ポータルサイトや自社ホームページ、地域によっては賃貸情報誌などに物件を掲載したり、過去の成約顧客や知人からの紹介、あるいは社宅代行の会社と提携するなどして集客をしています。なかでも、インターネットや雑誌などの問い合わせを獲得して集客する「反響営業」といわれるものを中心に行っている仲介会社が多いのではないでしょうか。

仲介会社さんは紹介しているすべての物件を仲介できるというのが売りですから、物件の選択肢は多いわけです。会社によっては管理物件を中心に、担当者によっては仲の良い管理会社の物件を中心になど様々です。

そのなかで、問い合わせを受けた物件がいったいどのくらいの確率で決まっているのか？　というのが気になります。問い合わせを受けた物件でそのまま契約になる確率は会社によっては20％を下回るケースもあるようですが、平均すれば50％前後と言われています。逆に言えば50％以上は問い合わせを受けた物件以外で決定をしているのです。

別の言い方をすれば、成約する物件は仲介会社の営業マンの提案次第で決まるといっても過言ではありません。そうなると、大家さんは営業マンが何を基準に物件を紹介しているのかを理解する必要があります。代表的なものを挙げていきましょう。

①管理会社

紹介しやすい、対応が柔軟、入居審査が速い、関係が良いなどが理由に挙げられます。

②ＡＴＢＢ（at home の業者間の情報システム）や仲介会社向けのＢ to Ｂサイト

探している条件を入力すると、物件名や募集条件、管理会社の連絡先などがすぐに分かる営業マンにとっては大変楽なツールです。

③物件のブランド名

マンションデベロッパーやハウスメーカー、地元建築会社などは商品をシリーズ化していることが多く、ブランド名のある物件だと紹介しやすいなどが理由として挙げられます。

営業マンにより個人差はあると思いますが、やはり優先するのは広告料です。仲介会社の営業マンは売上げを追いかけているケースが多いため、同じ時間営業をするのであれば少しでも売上げが高い物件を選ぶ傾向にあるわけです。

また店舗移動などで社員の入れ替わりが多いことや、先に挙げたように仲介会社向けの検索システムが増えたことから、地域の物件を熟知した営業マンが少なくなったことは確かなようです。つまり極端に条件が良くない限り、どんなに熱心に仲介会社さんを訪問したり資料を送ったりしても目に留まらないのが現状です。

ですから、そうした事情を理解したうえで戦略的に行動することが必要になってきます。仲介会社さんが忙しい週末は訪問しない、むやみやたらにＦＡＸをしないなど工夫も必要ですが、もっと大事なことは訪問やメール、ＦＡＸなどで情報を送るのであれば、規定のフォーマットで情報を出すのではなく、物件の強み（プラスの価値）を営業マンに届くようにうまくアピールしていくことが効果的です。

資料の悪い例、良い例をあげてみましょう（図５－15）。

上の悪い例を見ると、「ロフト付き」「風呂トイレ別」「日当り良好」といった、今では当たり前となっていてプラスの価値にならない部分を強調しています。

図5-15　悪い資料（上）と良い資料（下）の例

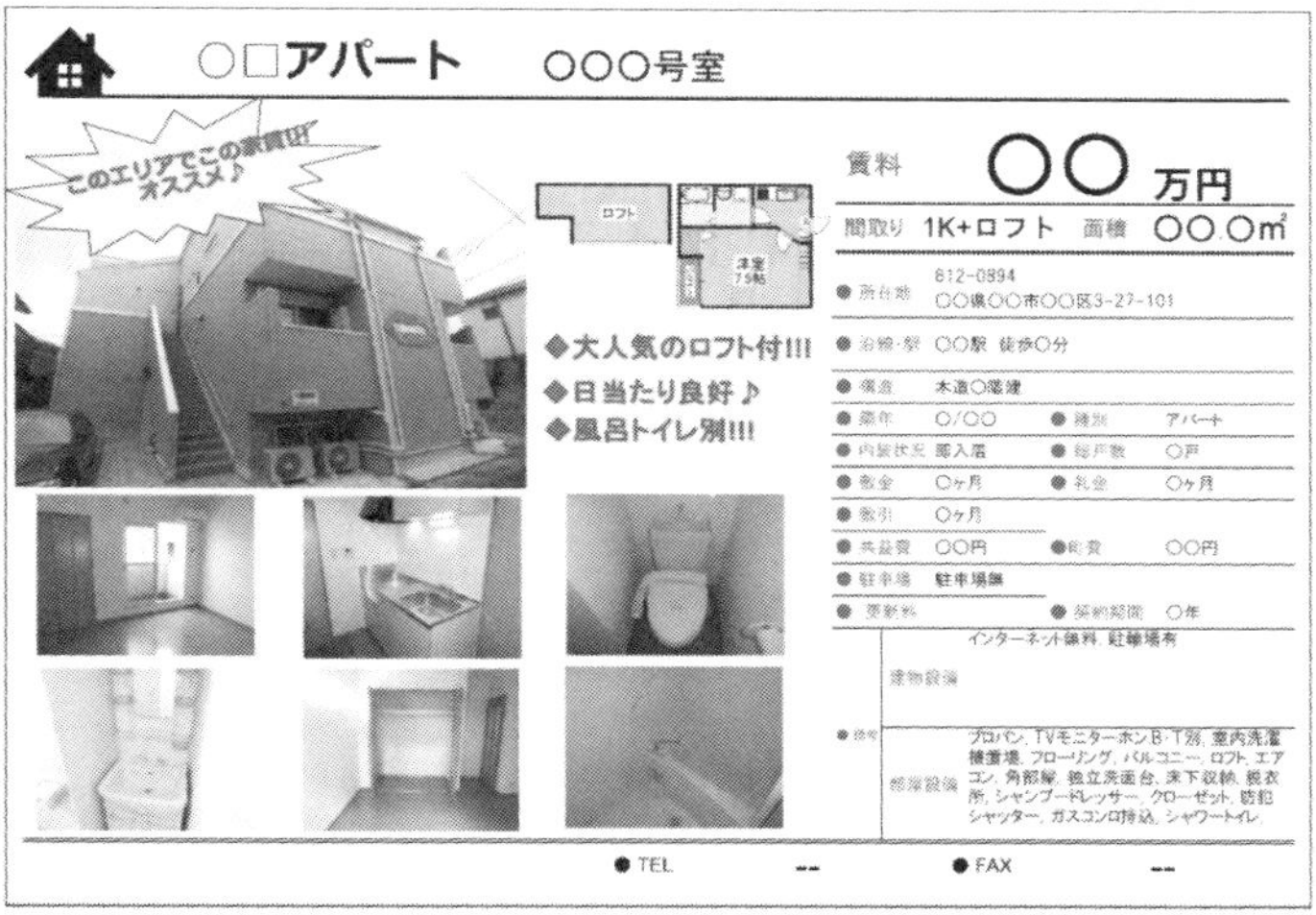

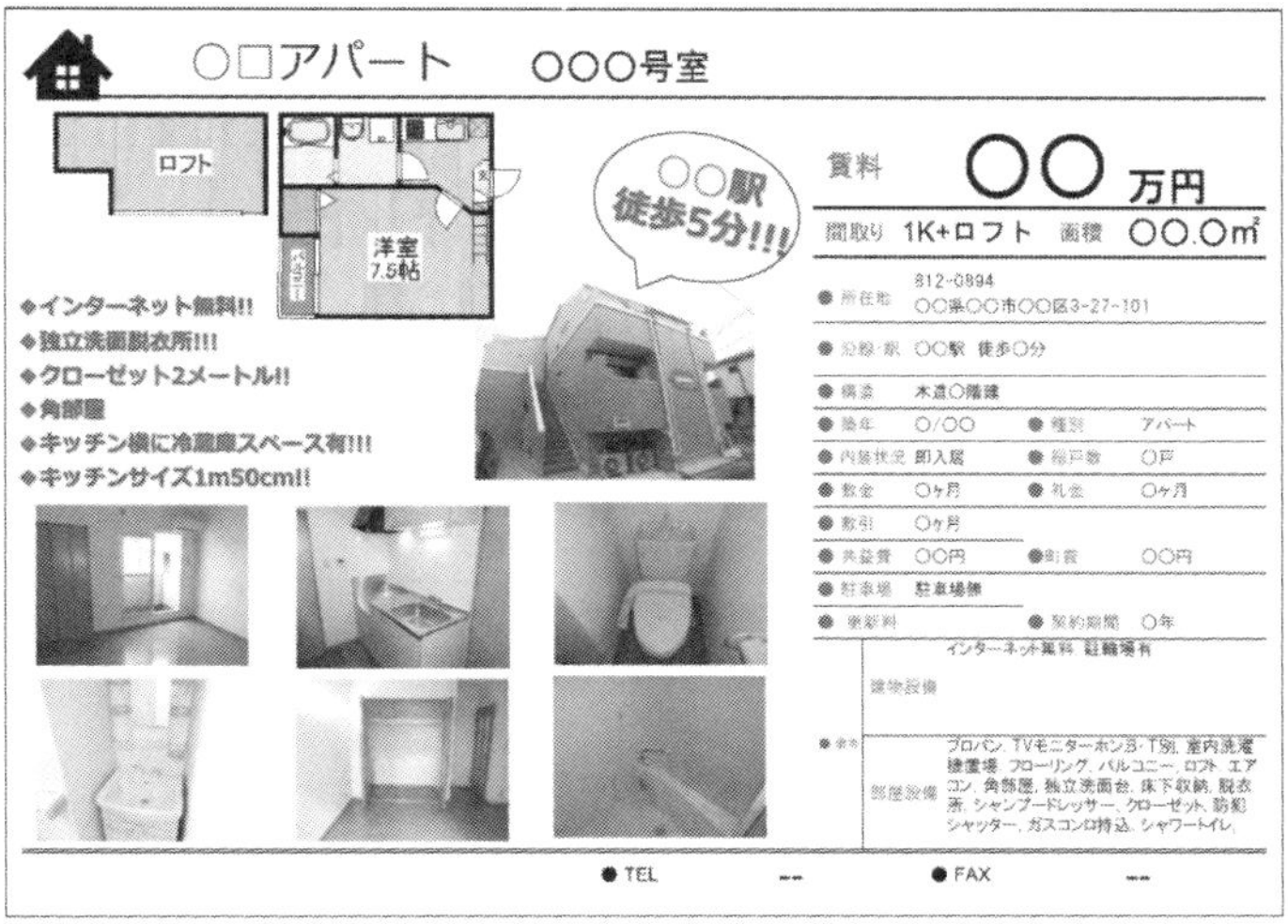

それに比べて、下の良い例のほうは間取り図を大きくして、「○○駅徒歩5分」「クローゼット2メートル」「キッチン横に冷蔵庫スペース」「インターネット無料」といった、入居者に確実にプラス評価されるだろう点を強調していることが分かります。

このように、ポイントをうまく押さえた表現に変えるだけで、あなたの資料が営業マンの目に留まる確率は飛躍的に高くなります。お客様に確実に届くプラスの価値をきちんとアピールできれば、いかに短時間で契約ができるかを追求する営業マンを「紹介すれば気に入ってもらえる」という気持ちにさせることができるからです。

第6章　実際の事例で考える家賃対策Q&A

Q1　空室が長期化しています。家賃を下げると同時に、1部屋あたり30万円の工事の提案を受けていますが、やるべきでしょうか？

●物件の認知度が低かった事例

物件所在地：A県A市
周辺環境：最寄り駅まで徒歩13分
A市の中心地にある駅まで5駅11分
構造：鉄筋コンクリート造3階建
築年：平成9年
間取り：1K（23㎡）

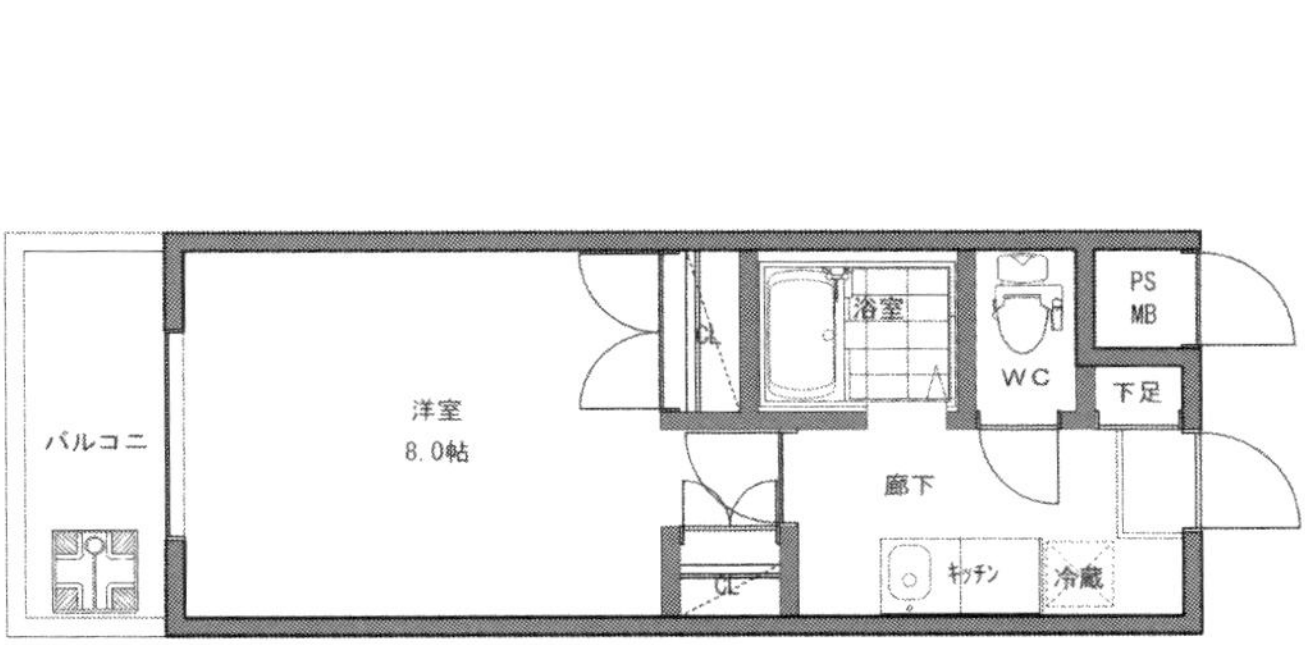

総戸数：12戸
家賃：3万1000円～3万4000円
空室数・空室期間：4戸、平均空室期間293日
時点入居率：66・6％
特徴：オートロックあり、脱衣所なし（お風呂トイレ別）、1m20㎝のキッチン（ガスコンロ1口）、洋室8帖、クローゼット2か所（1m20㎝、90㎝）、洗濯機置き場（バルコニー）、敷金・礼金0で募集、エレベーターなし、インターネット有料

この物件の大家さんは空室がなかなか埋まらないことに不安を感じていましたが、転勤などで人が動く時期がきたら入居はすぐに決まるという管理会社の言葉を信じて辛抱強く次の入居者を待っていました。ところが待てど暮らせど吉報は入らず、そのまま引越しシーズンを迎えました。それでも次の入居者が決まらず、そうしているうちに新たに1部屋退去の予告が入ったとの連絡を管理会社さんから受けました。

大家さん「いったいどうなっているんですか？　時期がきたらすぐに決まると言ったじゃないですか？」

管理会社「最近、この周辺は新築の供給が多くて、築年数が古い物件は家賃が軒並み3000円くらい下がっているんですよ。ですから**家賃を3000円下げる**ことをお勧めします。それに洗濯機置き場がバルコニーなので、洗濯機置き場を室内に設置する工事を行ってはどうでしょう。見積もりをとっていますのでご検討ください。人が動いている時期ですから急ぎましょう」

大家さん「工事代金はおいくらですか?」

管理会社「配管工事等も発生しますから、**1部屋あたり30万円**程度になると思います」

大家さん「そうすると、4部屋で120万円もかかるわけですね。その上で家賃も下げたほうがいいと。どうして最初から洗濯機置き場の件を言ってくれなかったんですか? 早い段階で実施しておけば家賃収入でカバーできていたじゃないですか!」

管理会社「それは……」

ということで、大家さんは長くお願いしてきた管理会社に見切りをつけ、新たな管理会社を探し出しました。

本当に元の管理会社から出された、洗濯機置き場を室内に作る工事をするという提案は適切なものだったのでしょうか? まずは物件の価値を査定してみましょう。

A県A市は新築の供給がある程度行われている地域ですので、築10年の物件の家賃と特徴を調べます。すると次のような内容が基準となることが分かりました。

家賃（マンション）４万５０００～４万８０００円
脱衣所あり
洗濯機置き場は室内
キッチンは１ｍ50㎝、ガスコンロ２口（ビルトイン）
冷蔵庫スペースは室外（キッチン横など）
食器棚スペースなし
敷金は０、礼金が１か月

それではこの基準をもとに、この物件の家賃の価値査定をしていきましょう。
まず、査定のベースとなる築年数と駅からの距離です。

①築年数……この当時、築年数が19年（※平成28年時点）。築20年までの価値評価が－１万円ですので、これより1年浅いことを考慮すると－９０００円程度になることが妥当とイメージできますが、メンテナンスや清掃が行き届いており、周辺の築15年前後の物件と比較しても遜色ない物件でした。つまり、実際の築年数より新しく見える見た目年

図6-1　長期空室物件の価値を査定してみる

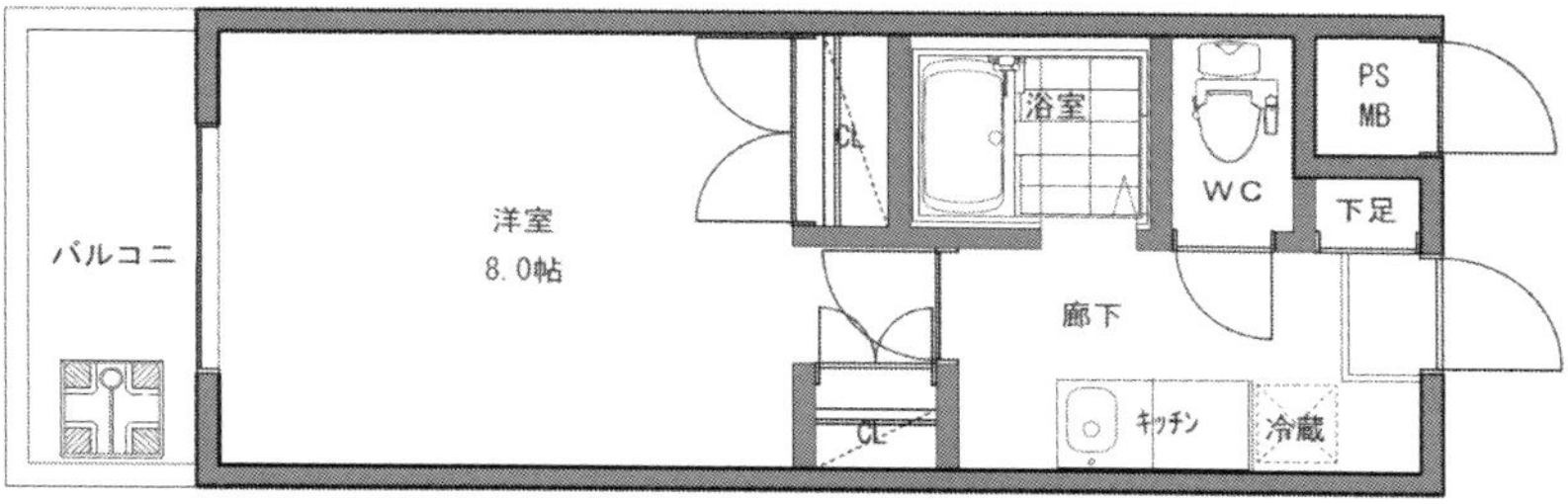

数のよい物件だったのです。よって築15年までの価値評価である**－5000円**と考えられます。

②駅までの距離……この物件は最寄り駅まで徒歩13分の場所に位置していますので、徒歩15分の評価である－3000円から2分近いことを考慮して**－2000円の価値評価**と査定しました。

次に、玄関から入ってお部屋を内覧するイメージで見ていきましょう。

玄関ドアを開けると左側に冷蔵庫スペース、キッチン、食器棚スペース、右側に下足箱、トイレ、お風呂、正面にお部屋と水回りを仕切るドアがあり、奥に居室、バルコニーへと続きます。順を追って確認していきます。

③冷蔵庫スペース……この地域の基準は室外（キッチン横など）なので、基準＝物件となり**価値評価は0円**となります。

④キッチン……地域の基準は1ｍ50㎝／ガスコンロ２口（ビ

ルトイン）でしたので、それと比べてこの物件は1ｍ50㎝／ガスコンロ1口と基準より劣りますが、カットスペースがあるため**価値は－3000円**となります。

⑤食器棚スペース……地域の基準は食器棚スペースなしなので、食器棚があるこの物件の**価値は＋2000円**となります。

⑥下足箱……サイズによる影響はなく、**価値は0円**となります。

⑦お風呂・トイレ……地域の基準は「脱衣所あり」ですので、脱衣所なし（お風呂・トイレ別）のこの物件は基準より劣ることから、**価値は－5000円**となります。

⑧センタードア……キッチンと居室を仕切るドアがあるのが基準、仕切るものがない場合がマイナスの価値ですので、この物件での**価値は0円**となります。

⑨収納……基準では1ｍ50㎝の幅または2つ以上の収納の場合はプラスの価値です。この物件は2つの収納があり合計して幅が2ｍを超えていますので**＋4000円の価値**となります。

⑩居室……基準（価値が0円）となる広さは6帖～7帖です。この物件は8帖ありますので**＋2000円の価値**となります。

⑪洗濯機置き場……この物件はバルコニーに設置するタイプ。室内に設置できるタイプが地域の基準なのでそれより評価が下がり、**－1万円の価値**となります。

⑫インターネット……この物件はインターネット環境を個別で契約する形態になっていま

図6-2　この物件の価値評価をまとめると

プラスの価値		マイナスの価値	
収納2つ	4,000円	築19年（見た目考慮）	−5,000円
洋室8帖	2,000円	駅まで13分	−2,000円
敷金・礼金0	3,000円	洗濯機置き場	−10,000円
食器棚スペース	2,000円	脱衣所なし	−5,000円
		キッチン	−3,000円
合計	11,000円	合計	−25,000円

す。インターネット有料が地域の基準ですので、**価値は0円となります。**

これまで見てきた家賃に影響を及ぼす要素をまとめてみると図6－2のようになります。

これを参考に、近隣の家賃相場に基づいて空室の家賃を設定していきます。物件全体から見てどの部屋が一番高く貸せるか、またどの部屋が最も低い家賃になるのかを、階数や部屋の位置（角部屋、中部屋など）で考慮することが重要になります。上層階や角部屋は、他と比べて人気が高いため、家賃が高くなります。

この地域の1Kの近隣家賃相場が4万5000円～4万8000円なので、その範囲で家賃を振り分けていくと図6－3のようになります。

最後に設定した家賃をもとにプラスの価値とマイナスの価値を合わせて最終的なこのお部屋の価値が決定します。

角部屋の空室②の場合、査定のスタートが4万8000円、

図6-3　階数と部屋の位置で家賃は変わる

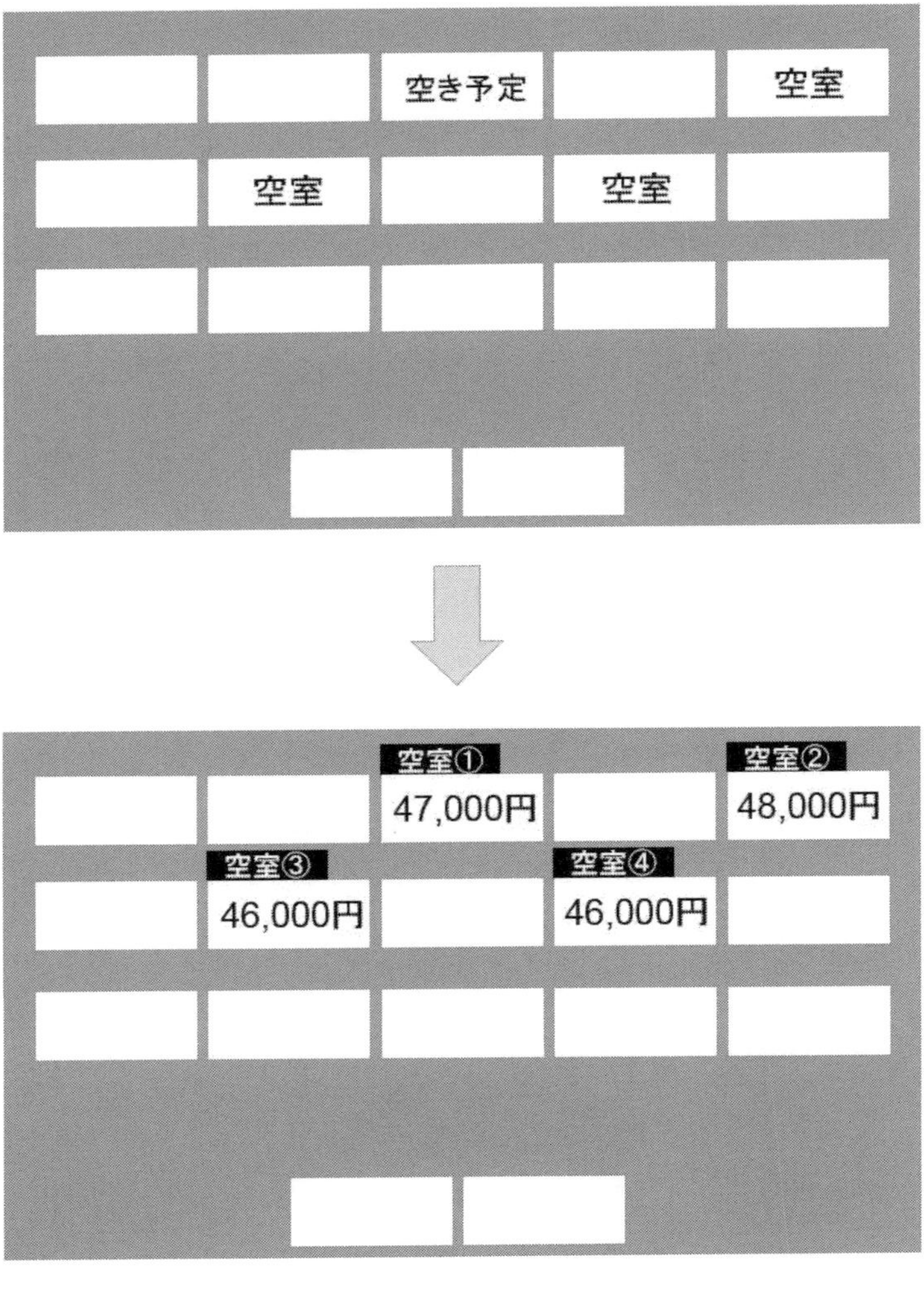

図6-4　適正家賃を算出する

査定スタート		プラスの価値		マイナスの価値		
48,000円	＋	11,000円	−	25,000円	＝	34,000円

そこにプラスの価値の合計＋1万1000円とマイナスの価値の合計−2万5000円を加算して、3万4000円という結果が出ました（図6−4）。

この物件はもともとの募集家賃が3万4000円でしたので、適正な家賃設定であり、**家賃を下げる必要はない**との結論に至りました。

家賃設定が適正であるなら、空室が続くのはどこに原因があるのか？続けて調査をしたところ、問題は家賃や洗濯機置き場ではなく、この物件が近隣の仲介会社の営業マンにあまり意識されていないことが分かりました。つまり知られていない＝紹介されていない、案内されないことにつながっていたのです。

なぜ知られていなかったのでしょうか。

実は、この物件は平成9年築のそれほど古くない物件でありながら、地名を入れた○○ビルという名称がつけられていました。どうやらその古風な名称から、古い物件というイメージを持たれていたようです。

仲介会社の目線で見ると、あらゆる情報が取得しやすくなったからこそ、この物件は名称から生まれる先入観で最初にはじかれてしまい、その結果、空室が長期化することになってしまったのかもしれません。

この結論を受け、仲介会社向けに内覧会を実施。すると、開催後5日で3部屋に申し込みが入り、最終的に12日後には全ての空室に申し込みが入る結果となりました。

もし、管理会社から言われるままにリフォーム工事をしていたら、30万円×4部屋で120万円の工事代金がかかっていました。さらに家賃を3000円引き下げることも提案されていましたから、その分だけで3000円×12か月×4部屋で1年あたり14万円の減収になっていたはずです。

それを考えると、適正家賃という視点をもとに入居者のニーズを考えていくことで、かなりの節約になったと言えるでしょう。

A1
まずはお金をかける前に、空室が埋まらない本当の理由を知りましょう。意外にちょっとした理由かもしれません。

Q2

現在、入居率が50％です。売却をしたいのですが、このままでは希望価格で売ることもできません。お金をかけずに収益を上げることはできますか？

●費用をかけずに入居者対象を変えて収益を上げた事例

物件所在地：Ｂ県Ａ市
周辺環境：最寄り駅まで徒歩20分
　Ａ市の中心地にある駅まで４駅12分
構造：鉄筋コンクリート造４階建
築年：昭和60年
間取り：ワンルーム（21㎡）
総戸数：24戸
家賃：３万３０００円～３万５０００円
空室数・空室期間：12戸、空室期間１５０日～６９２日
時点入居率：50・０％

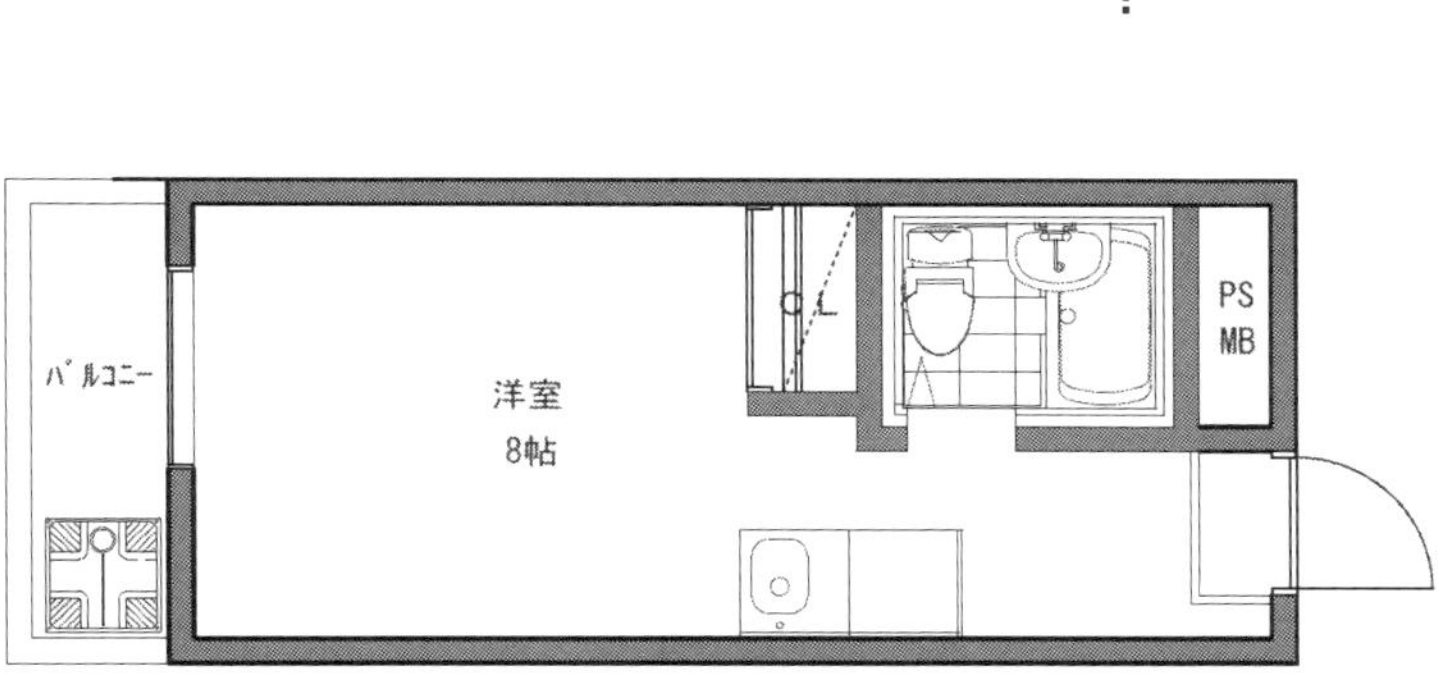

特徴：オートロックなし、脱衣所なし（お風呂・トイレ一緒）、90㎝のキッチン（電気コンロ1口）、洋室8帖、クローゼット（1m50㎝）、洗濯機置き場（バルコニー）、エレベーターなし、敷金2か月・礼金0で募集、インターネット有料

この物件は大学が近くにあり駅まで徒歩20分の場所に位置していたことから、新築当初より近くの大学生を対象にして運営をしていました。もともとこの地域はB県の県庁所在地より離れた郊外に位置していて、単身物件の新築供給は過剰気味ではなく一定の需給バランスが保たれており、入居に苦労することはありませんでした。

ところがここ数年、入学の時期を迎えても空室が目立つようになってきました。大学が近くに寮を建て始めたことや実家から通学する学生が増えたことが大きく影響していたようです。大家さんは複数棟を所有していて他の物件の収益が良かったことから、この状況をあまり気にすることなく時は過ぎていきます。

そんなある日、税理士さんからある指摘を受けます。「このまま何もしないで空室が改善されないのであれば売却をして借り入れを返済したほうが良い」と。その気になった大家さんは不動産会社に売却を依頼し、買い手を待つことにしました。ところが来る話来る話、大家さんが望む売却価格を大幅に下回る価格交渉の話ばかり。

大家さん「なぜ大幅な値下げ交渉ばかりなんでしょうか？　価格的には決して高くないと思うのですが」

不動産会社「この物件は現在の時点で半分の部屋が空室ですので、そのリスクを考えてどのお客様も交渉をしてくるようですね」

大家さん「でしたら、空室を埋めたら状況は変わりますかね？」

不動産会社「はい。でもこれだけの期間、これだけの空室があったのは事実なので、一時的に満室になっても状況は変わらないですよ。購入される方にとってはその後のことが大事ですからね」

大家さん「そうですか。それでは管理をしてもらっている会社に相談してみます」

大家さんはこのいきさつを管理会社に話し、空室を早急に埋めるべく依頼をします。

管理会社「この物件は学生向けですからね。今は7月でなかなか動かないと思いますよ」

大家さん「それでは困るんです。何かいい策はないですか？　売却をするのであまりリフォームなどにお金をかけたくないんです」

管理会社「それでしたら、次の新入学生を対象に入居予約を募ったらどうでしょう。推薦入試が終わる10月頃から動き出すと思いますよ。それから、この物件はお風呂とトイレが一緒で引き合いが少ないですから、家賃を5000円程度下げて価格で勝負しましょう」
大家さん「入居予約だと入学する4月まで家賃は入らないですよね。それって一時的な対策にしかならない気がするのですが。それに家賃をこんなに下げたら売却価格がさらに下がってしまうので、もう少し何とかならないでしょうか?」
管理会社「これが現実かもしれません。そうでなければこれだけの期間、空室になっていないような気がします」

このやりとりで落胆した大家さんは他に手立てがないかと他の管理会社を探し始めたという事例です。この提案は本当に正しかったのでしょうか? 検証してみましょう。
B県A市は新築の供給が多くないため、一定の需給バランスが保たれている地域です。基準となる築10年の物件の家賃と特徴を調べると、次のような内容が基準であることが分かりました。

家賃(マンション)3万9000円~4万2000円
脱衣所なし(お風呂・トイレ別)
洗濯機置き場は室内
キッチンは1m20cm、ガスコンロ持込み型

図6-5　学生向け物件の空室を価値評価する

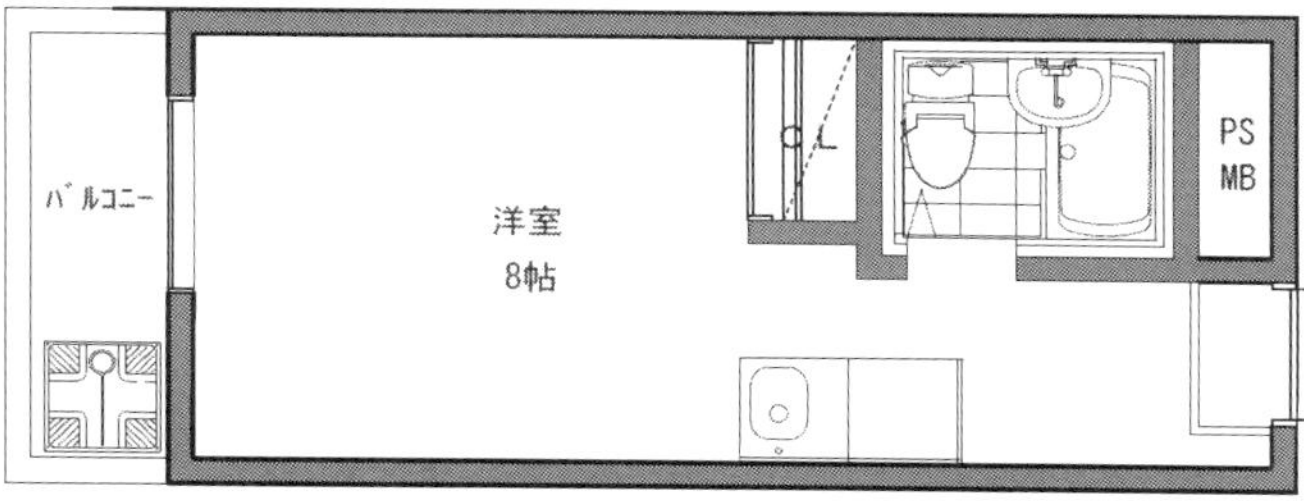

冷蔵庫スペースは室内
食器棚スペースなし
敷金は2か月、礼金が0か月

この基準をもとにこの物件の価値を見ていきましょう。

※政令指定都市ではない郊外の地域ですので先述の事例とは**各項目の価値が異なります**。
※ここからは価値がついている箇所についてのみ記述しています。

①築年数……平成27年時点で、築年数が30年。築20年からの基準は－1万円ですが、この地域は供給が過剰気味ではなく一定のバランスが保たれているエリアでもあったことから、調査の結果**－5000円の価値評価**になりました。
②駅までの距離……この物件は最寄り駅まで徒歩20分の場所に位置していますので、基準である**－5000円が価値評価**となります。

③お風呂・トイレ……地域の基準は「脱衣所なし（お風呂・トイレ別）」なので、脱衣所なし（お風呂・トイレ一緒）のこの物件は基準より劣ることから、**価値評価は－1万円**となりました。

④キッチン……地域の基準は1m20cmガスコンロ持込み型でした。それに比べてこの物件は90cm電気コンロ1口と基準より劣るため、**価値は－5000円**となりました。

⑤センタードア……この物件はキッチンとお部屋の間に仕切りのないワンルームタイプなので**価値は－3000円**となります。

⑥収納……基準では1m50cmの幅または2つ以上の収納の場合はプラスの価値です。この物件は1m50cmの幅がありますので**＋4000円の価値**となりました。

⑦居室……基準となる広さは6帖～7帖です。この物件は8帖ありますので**＋2000円の価値**となりました。

⑧洗濯機置き場……この物件はバルコニーに設置するタイプとなっています。室内に設置できるタイプが地域の基準となっていますので（地域基準）室内＞（物件）室外（バルコニー）となり**－5000円の価値**となりました。

最後に、この地域の築10年の家賃相場が3万9000円～4万2000円でしたので、一番高く貸せる4万2000円のお部屋をベースに査定してみましょう。

図6-6　この物件の価値評価をまとめると

プラスの価値		マイナスの価値	
収納（1m50cm）	4,000円	お風呂トイレが一緒	−10,000円
洋室8帖	2,000円	キッチン（90cm・電気コンロ1口）	−5,000円
		ワンルームタイプ	−3,000円
		洗濯機置き場（バルコニー）	−5,000円
		築年数（20年）	−5,000円
		駅まで20分	−5,000円
合計	6,000円	合計	−33,000円

査定スタート		プラスの価値		マイナスの価値		
42,000円	＋	6,000円	−	33,000円	＝	15,000円

査定のスタートが４万２０００円、そこにプラスの価値の合計＋６０００円とマイナスの価値の合計－３万３０００円を加算して、１万５０００円という結果です。

このように査定で出た家賃は１万５０００円となり、現在の募集家賃より大幅に低いことが結果として分かりました。つまり、この物件は今の家賃では高すぎるので、家賃を下げるか、大規模なリフォームをするなどして物件の価値を上げる必要があるということです。

しかしながら、大家さんの要望は、リフォームなどにお金をあまりかけず、家賃も大幅な値下げはしたくないというものです。そこで入居対象を大学生から単身社会人へとシフトすることを考えます。

調査をしたところこの地域は地元愛が強

図6-7　敷金礼金と契約費用を見直した場合の家賃査定

プラスの価値		マイナスの価値	
収納（1m50cm）	4,000円	お風呂トイレが一緒	−10,000円
洋室8帖	2,000円	キッチン (90cm・電気コンロ1口)	−5,000円
敷金・礼金0	5,000円	ワンルームタイプ	−3,000円
契約費用安め	5,000円	洗濯機置き場 (バルコニー)	−5,000円
		築年数（20年）	−5,000円
		駅まで20分	−5,000円
合計	16,000円	合計	−33,000円

査定スタート		プラスの価値		マイナスの価値		
42,000円	+	16,000円	−	33,000円	=	25,000円

く、学校を卒業しても地域に残る人が少なくありません。そうした20代前半の単身社会人の大半は実家で暮らしているようです。また県内で店舗展開をしている美容室や飲食店の従業員は寮として2LDKなどの部屋に数人で住んでいる人が多く、1人暮らしをしたくても入居時の契約金などの問題で断念せざるを得ない人が多いことも調査を進めていく上で分かってきました。

実は、この地域は敷金2か月が一般的で、20代前半の単身社会人には負担が大きいという事情があったのです。そういった背景から敷金・礼金を0にして、なおかつ契約金を通常より軽減させることに潜在需要があることが分かってきました。

それを価値として加味したとき、家賃は図6－7のようになりました。結果、2万

５０００円と当初の募集家賃と同等の金額となり、家賃の問題は解決。残った課題は、仲介会社の認知度を改善することと、学生マンションのイメージを払拭することでした。

それから４、５か月後……。空室があった15部屋はすべて地元の単身社会人を中心に満室にすることができました。驚いたことに、契約費用がお手軽であったことから実家から通学している学生さんからも数件申し込みが入り、潜在需要が顕在化したのでした。

この地域は大手仲介会社がなく、物件が不動産会社に認知されるまで相当の期間を要しました。満室後、退去になった部屋は30日～40日で申し込みが入って収益は無事に上がるようになり、大家さんは希望に近い価格で売却をすることができました。

入居者さんが支払う契約費用を軽減することで、大家さんの負担コストは少し増えるかたちにはなりました。しかし、空室の長期化によるロスや、無策のまま家賃を下げることに比べはるかに収益性が上がったことを考えると、正しい選択だったと言えるでしょう。

A2 **入居者対象を変えることで、費用をかけずに満室が可能になることもあります。地域の状況を把握することで満室への道は見えてくるでしょう。**

Q3

どの不動産会社にも、物件や家賃に問題はないと言われます。管理会社も毎日動いてくれていて、その内容にも満足しています。なぜ入居が決まらないのでしょうか?

●第一印象を変えて満室になった事例

物件所在地：A県A市
周辺環境：最寄り駅まで徒歩10分
　A市の中心地にある駅まで4駅12分
構造：木造2階建
築年：平成10年
間取り：1K＋ロフト（18㎡）
総戸数：8戸
家賃：2万9000円〜3万2000円
空室数・空室期間：4戸、平均空室期間213日

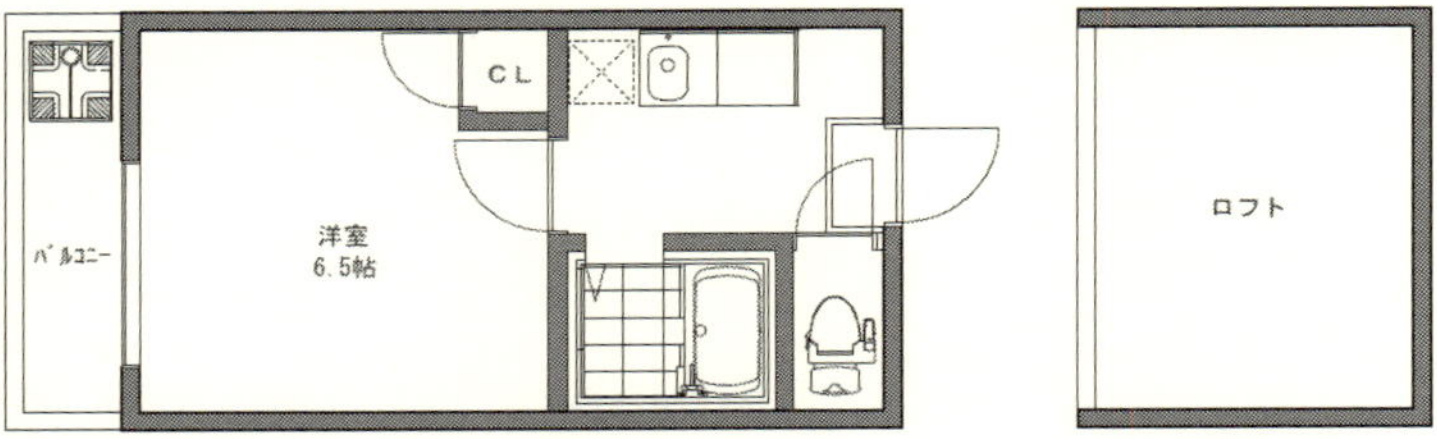

時点入居率：50・０％

特徴：オートロックなし、脱衣所なし（お風呂・トイレ別）、１m20㎝のキッチン（ガスコンロ持込み型）、洋室６・５帖、クローゼット（90㎝）、洗濯機置き場（バルコニー）、敷金・礼金０で募集、インターネット無料

この地域はA県A市の中心地まで電車で15分程度と利便性が高く、近年では区画整理が行われて商業施設ができるなど、今後も発展が見込めるエリアです。

ここ数年は近隣に新築のアパートが建ち始めたことから、家賃は少しずつ下落する傾向にありました。これまでは数か月の空室期間こそあったものの、まだなんとか満室を維持してきました。

ところがこの1年、不動産活況のあおりを受けて空室が出始め、さらに新築のアパートが増えたために、今までの平均的な空室期間を超えても次の入居者が決まらずにさらに次のお部屋が退去、また次も……と総戸数の半分が空室になってしまったのです。

現在の管理会社さんは新築当時から管理をしており、空室の状況になるとこまめに報告があったため大家さんは満足していました。ところが最近は活動報告はあるものの、入居者の動きは一向にありません。引越しのシーズンを迎えても空室が埋まらなかったことから、大家さんは管理会社さんにお願いし、仲介会社訪問に同行して状況を聞くことにしま

した。ところが何件回っても返ってくる答えは同じようなものばかりでした。


「頑張って紹介します！」

「家賃を下げられましたよね？　適正だと思います」

「案内はたまにしているのですが」

「広告料を増やしてもらうことはできますか？」

「内覧時の反応は悪くないんですけどね」


こうして今後の対策が見えないため、相談に見えられたという事例です。

A県A市は新築の供給が常にある政令指定都市です。築10年の物件の家賃と特徴を調べてみると、次のような内容が基準となっていることが分かりました。

家賃（アパート）3万5000円～3万8000円
脱衣所なし（お風呂・トイレ別）
洗濯機置き場は室外（バルコニー）
キッチンは1m20cm、ガスコンロ持込み型
冷蔵庫スペースは室内

食器棚スペースなし
敷金・礼金が0か月

家賃を査定した結果、現在の募集家賃や条件は適正でした（※ここでは価値の詳細は割愛いたします）。また、先の事例であったような入居時の契約金を軽減する手法はこの地域では当たり前となっていて、対策としては有効的ではありません。

では何が問題なのでしょうか？　根本的なところから考えてみましょう。

大家さんが仲介会社を訪問した際に「内覧時の反応は悪くない」という声がありました。逆をいえば、**入居につながる決め手がない**のです。そこで、決め手がある状態にするにはどうしたらいいのか、つまり、内覧をしたお客様がどのようなときに入居を決定するのかを知る必要があります。

入居の決め手というと様々な理由が浮かぶと思いますが、実際は至ってシンプルです。**お客様が入居を決めるのは、物件やお部屋の第一印象**なのです。

内覧をされるお客様は事前にインターネットで物件を調べたり仲介会社の店舗で物件の紹介を受けたりしたうえで、物件の家賃、募集条件、場所、外観、内装などについてある程度納得して物件を絞っています。内覧に訪れたときには実際の物件がイメージとずれていないかを確認するだけなのです。

図6-8　周囲に新築アパートが増えて空室になった物件

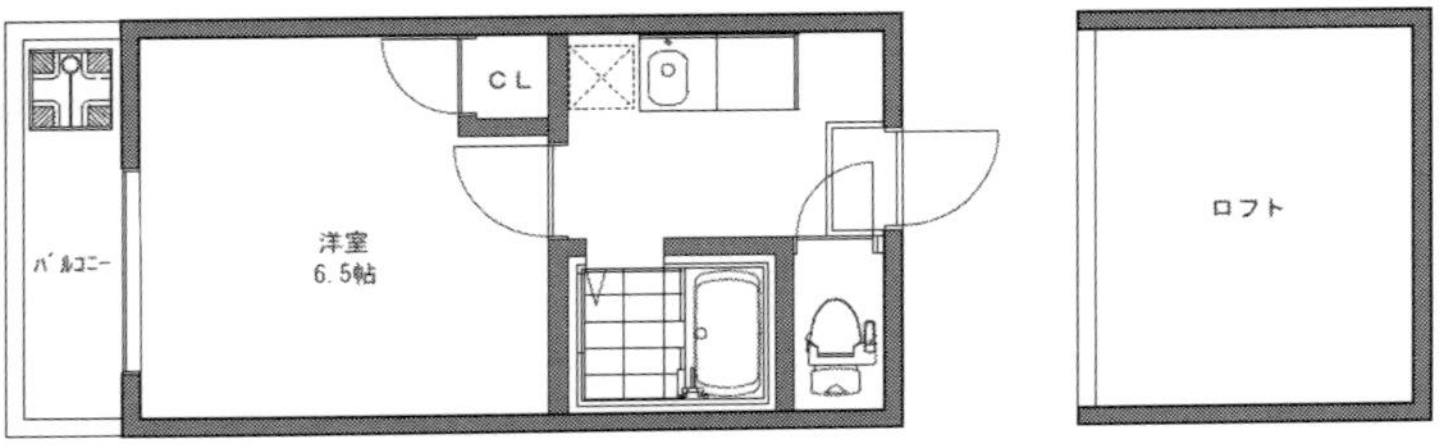

特に単身物件では、1物件あたり何十分と見て回ったり、その場で寸法を測ったりなどということはあまりありません。

実際は**玄関ドアを開けた瞬間に50%**程度の意思決定をして、**部屋に入った瞬間に100%**入居を意思決定する方が大半なのです。

逆に言えば、内覧に訪れて玄関を開けた瞬間に反応が薄ければ、入居決定への道は閉ざされたと思ったほうがいいようです。

また、お部屋に入った瞬間の第一印象が良くなければ、お客様からは「検討してみます」「**他に物件はないですか？**」といった回答しか返ってきません。

つまり玄関ドアを開けた瞬間、部屋に入った瞬間の第一印象とは、内覧をされたお客様が**直感的に「このお部屋に住みたい」**「引っ越すことを想像してワクワクする」という感情を生むものであってほしいのです。そういった感情を内覧時に生むことができる物件であればこそ、競合物件と比較して選ばれ、案内成約率が高まり、結果として早期入居を実現し、収益向上につなげることができるのです。

そのような推論から、この物件の**良くない印象を変える**という方針が決まりました。順を追って見ていきましょう。

①玄関……この物件は入った瞬間、玄関の床がコンクリートむき出しで無機質な感じがします。これを改善するためにシートを貼ることにしました（図6－9、10）。いかがでしょうか？　デザイン性のあるものはたくさんあるとは思いますが、家賃が低水準であったことから、コストをあまりかけずに最低限度印象を変えるようにしました。

図6-9　玄関の床がコンクリートで冷たい印象

図6-10　シートを貼り温かみを演出

図6-11　玄関わきに小さなキースペースを設置

あわせて、玄関脇の壁に鍵を置くための小さなキースペースを設けました（図6－11）。

②居室……この物件の居室はブラウン系のフローリングでしたが、新築からこっち一度も張替えることがなかったため、劣化や色落ちなどが生じて部屋は暗い印象になっていました。そこで印象が良くなるようホワイト系の明るいフローリングに張り替えました。最近はリフォームをする際に高級な無垢材などを使用し印象を変えることが増えていますが、入居者層を考えてコストを抑えたものにしました。これだけでもずいぶん印象が変わりました。

4室あった空室は工事完了後、**27日**ですべてのお部屋に申し込みが入る結果となりました。この工事でかかった**費用は総額12万円**。空室が長期化し収益の機会ロスが生じていたことを考えると、家賃を下げることなく12万円の資金投下で満室になったのは良い結果だったのではないかと思います。

A3 内覧する人の目線で客観的に物件を見てみましょう。原因は第一印象かもしれません。

Q4
空室が多くあります。家賃を下げる提案を受けていますが、物件にはまだまだ競争力があると思っています。提案を受け入れるべきでしょうか？

●物件のもつプラスの価値が知られていなかった事例

物件所在地：C県A市
周辺環境：最寄り駅まで徒歩5分
　A市の中心地にある駅まで5駅16分
構造：木造2階建
築年：平成14年
間取り：1K＋ロフト（22㎡）
総戸数：8戸
家賃：4万円〜4万2000円
空室数・空室期間：4戸、平均空室期間160日

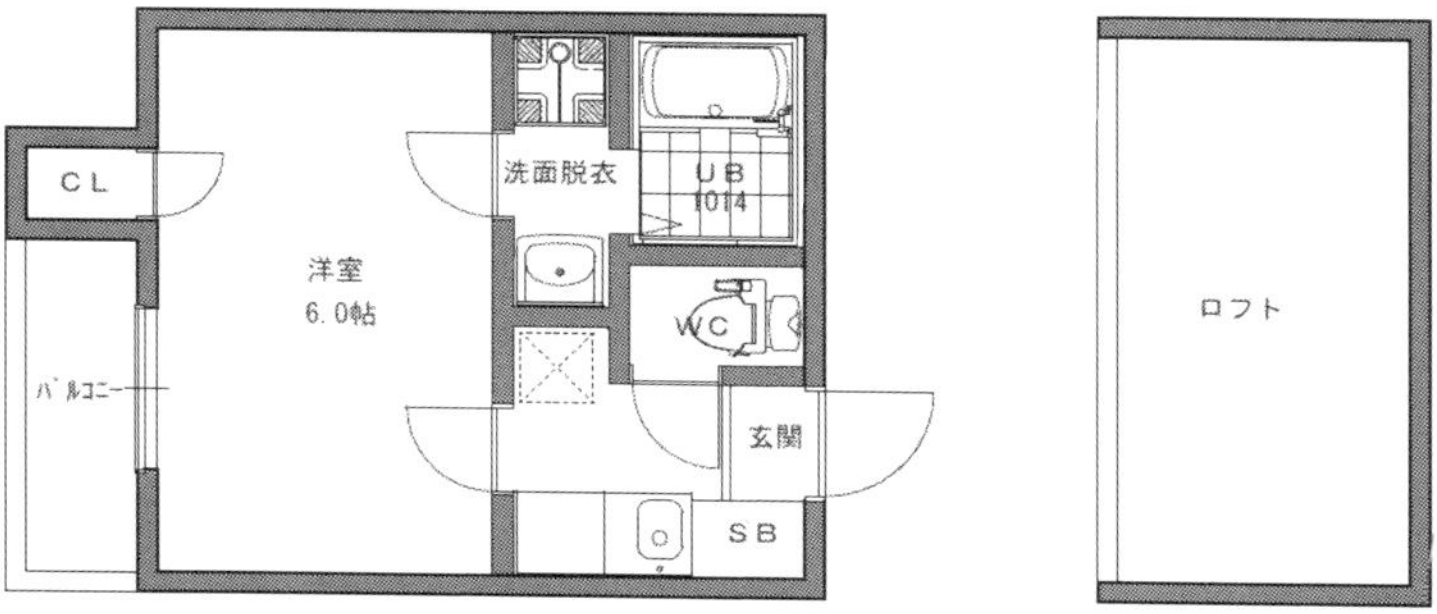

時点入居率：50・0％
特徴：オートロックなし、独立洗面脱衣所、1m20cmのキッチン（ガスコンロ持込み型）、洋室6帖、クローゼット（50cm）、洗濯機置き場（脱衣所内）、敷金、礼金0で募集、ロフトつき、インターネット無料

この地域はC県A市の中心地に近く、駅からは徒歩5分、近隣には大学や専門学校もあります。周辺の学校に通学する学生や中心地に勤務する単身社会人など、幅広い入居者が見込めるエリアです。

毎年、新築の供給がある程度あったことから家賃は多少下落したものの、駅からも近いことが強みとなり入居は安定していました。ところが1年くらい前から空室の長期化が目立つようになってきたのです。そして空室が2部屋、3部屋と増えるうちにだんだん不安になってきた大家さんは管理会社さんに不満を持ち始めます。

大家さん「これで4部屋空室です。募集はちゃんとしていただいているのでしょうか？」
管理会社「していますよ。仲介会社さんへの資料FAXは毎日のように行っています」
大家さん「そうですか。そこまでしてもらっているのになぜ決まらないのでしょうか？」
管理会社「周辺を調べたところ、大家さんの物件より2～3年新しい物件が同じ家賃で募

集されていますので、**家賃を2000円程度下げたほうが良い**かと思います。物件を比較されたときにやはり少しでも新しいほうを選ぶのではないでしょうか?」

大家さん「私はこの物件が気に入っていて、他にはまだまだ劣らないと思っているんですが」

管理会社「周辺の物件は**広告料2か月で募集**している物件が多いです。仲介会社さんの目線で見るとその部分もかなり影響していると思いますので、競合物件の条件に合わせたほうがいいかと思います」

大家さん「うーん、いい物件だと思うんですけどね……」

こういった事情があって、納得ができなかった大家さんが相談に見えられたという事例です。それでは検証してみましょう。

C県A市は毎年一定の新築の供給がある地域です。築10年の物件について家賃と特徴を調べると次のような内容が基準であることが分かりました。

家賃(アパート)4万~4万2000円
脱衣所なし(お風呂・トイレ別)
洗濯機置き場は室外(バルコニー)

キッチンは1m20cm、ガスコンロ持込み型
冷蔵庫スペースは室内
食器棚スペースなし
敷金、礼金が0か月

この基準をもとにこの物件（図6－12）の価値を見ていきましょう。

①築年数……平成28年当時、築年数が約15年でした。この地域は毎年、新築の供給が続いており、供給が過剰気味でもあることから、先述した価値基準にあてはめると**－3000円の価値評価**になりました。

②駅までの距離……この物件は最寄り駅まで徒歩5分の場所に位置していますので、基準である**＋3000円が価値**となります。

③お風呂・トイレ……地域の基準は脱衣所なし（お風呂・トイレ別）ですが、この物件はこの広さには珍しい独立洗面脱衣所でした。基準より価値が高いことから**＋3000円の価値評価**となります。

④収納……賃貸マンション・アパートの場合、内覧する人が許容範囲として考える収納の幅は90cm前後が目安です。それを下回ると、**見た瞬間に収納が狭い**という認識になりマ

図6-12　プラスの価値が知られていなかった物件

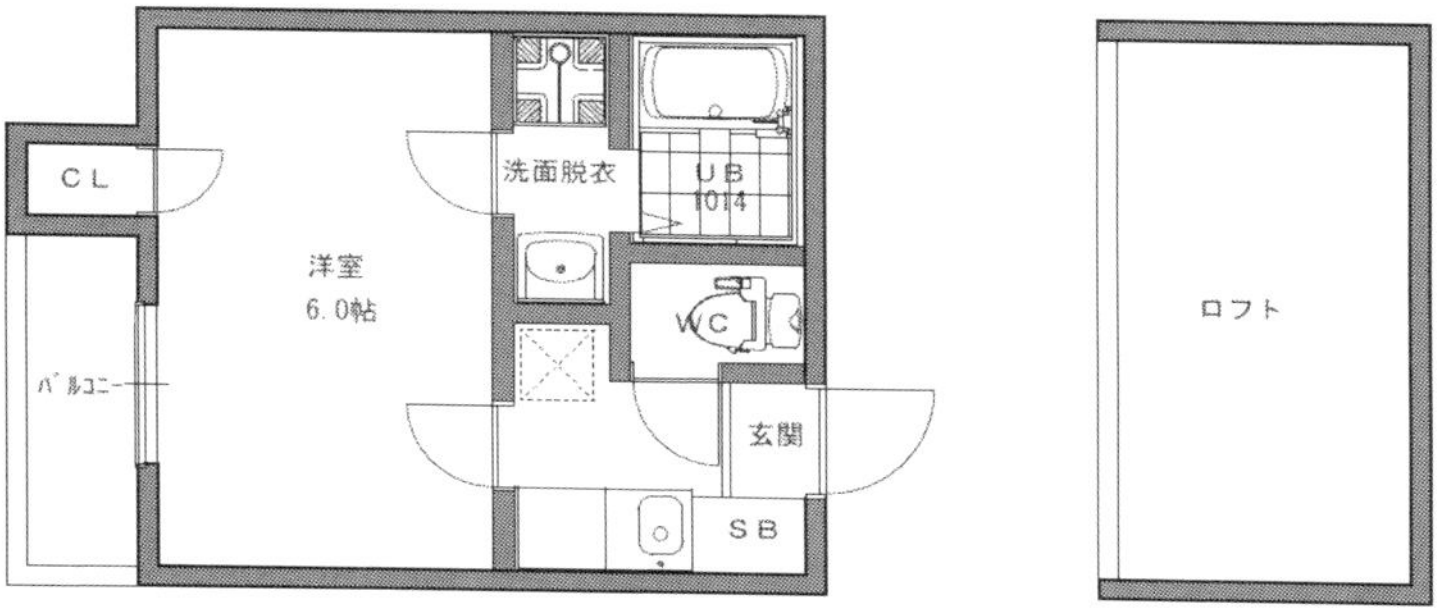

イナスのイメージを持たれてしまいます。

この物件はクローゼットが50cmと標準より狭く、4000円ほどのマイナス評価がついても無理はないと思われます。ただ、それ以外にもロフトがついていて収納としても使うことができるので、**−2000円の価値**といったところが妥当なラインになるでしょう。

※イメージがしづらい方は条件が全て同じで収納幅が90cmと50cm（別途ロフトあり）の物件があった場合いくらだったら借りるか？　を考えると分かりやすいと思います。

最後にこの地域の築10年の家賃相場が4万円〜4万2000円でしたので、空室のうち一番高く貸せる4万2000円のお部屋をベースに査定してみると図6－13のようになりました。

査定のスタートが4万2000円、そこにプラスの価値の合計＋6000円とマイナスの価値の合計－5000

図6-13　この物件の価値評価をまとめると

プラスの価値		マイナスの価値	
独立洗面脱衣所 （室内洗濯機置き場あり）	3,000円	収納小（50㎝）	－2,000円
駅まで5分	3,000円	築15年	－3,000円
合計	6,000円	合計	－5,000円

査定スタート		プラスの価値		マイナスの価値		
42,000円	＋	6,000円	－	5,000円	＝	43,000円

０円を加算して、４万３０００円という結果が出ました。

結果として家賃は４万３０００円と、現在の募集家賃より１０００円高くなりました。家賃設定に問題はないということです。

そこで地域の仲介会社にヒアリングを行ったところ、物件の認知度はあったものの、この物件の最大の強み（特徴）である「独立洗面脱衣所」であることが周知されていなかったことが分かりました。

それには理由がありました。

実はこのアパートは、C県およびその近郊で毎月のように建築されている某建築会社のシリーズもので、外観や間取りなどが統一されており、その間取りは脱衣所なし（お風呂・トイレ別）、洗濯機置き場はバルコニーというものだったのです。

しかし、この物件は同シリーズの他のアパートとは違って、建築をする際に大家さんの強い要望で間取り変更を行った特別なものでした。それだけに大家さんがアパートに思い入れがあったこともうなずけます。ただ残念ながら仲介業者にはそれが伝わっておらず、他と同じシリーズもののアパートとしか認識されていなかったのです。

原因がわかったところで、さっそくそのことを仲介会社の営業マンに広く知らせていくことにしました。

この地域は、独立洗面脱衣所があるアパートは皆無であったことから、このアパートの強みである独立洗面脱衣所を大きく訴求して情報配信を行うことで、今までの空室期間が嘘だったかのように満室にすることができました。

満室になるまでの期間は実に2週間。大家さんも大満足の結果を出すことができました。

A4　安易に条件を緩和するのではなく、周辺物件と比べその物件に強みとなるものがあるかを分析してから検討するのが良いでしょう。

Q5

物件が古くなり空室が目立ってきたので、そろそろリフォームをしたいと思っています。お金をかける以上、家賃を上げたいのですが、どこに手を入れるべきでしょうか？

●マイナスの価値をなくすためにリフォームをした事例

物件所在地：Ａ県Ａ市
周辺環境：最寄り駅まで徒歩10分
　　　　　Ａ市の中心地にある駅まで11駅18分
構造：木造２階建
築年：平成元年
間取り：１ＤＫメゾネットタイプ（29㎡）
総戸数：６戸
家賃：２万６０００円
空室数・空室期間：１戸、空室期間３５３日
時点入居率：83・３％

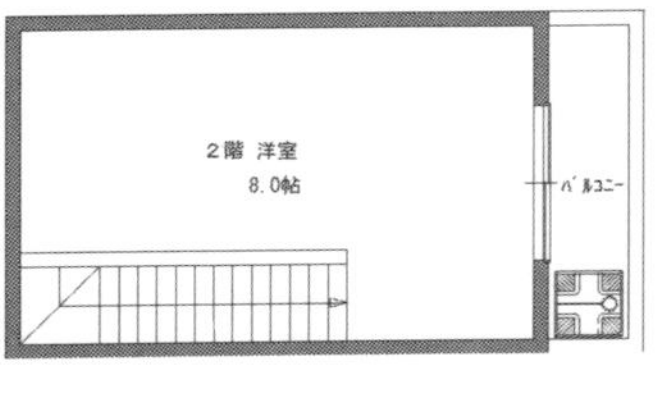

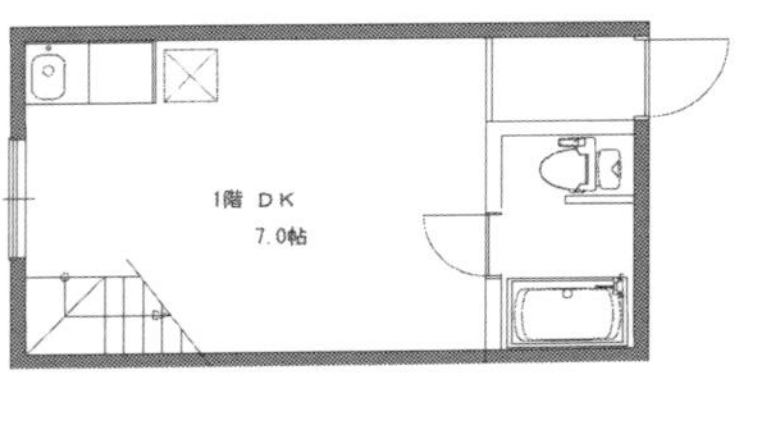

特徴：オートロックなし、脱衣所なし（お風呂・トイレ一緒）、1m80㎝のキッチン（ガスコンロ持込み型）、洋室8帖、クローゼットなし、洗濯機置き場室外（バルコニー）、敷金・礼金0で募集、インターネット有料（個別契約）

この物件はA市の中心地から電車で20分近く離れた場所に位置していました。A市でも有数の生徒数を誇る大学が近くにあり、大学生やA市郊外に勤務する社会人を入居対象にできるエリアです。

近隣には大学生向けのアパートが乱立してはいたのですが、大学がある駅からは1駅離れていたこともあり大学生による入居に依存してはいません。また築年数の経過とともに家賃は下落していたものの、定期的にメンテナンス等も行っていたことから安定した収益を得ることができていました。

ところが築年数が25年を超えたあたりから空室が長期化するようになり、今回は1年近く空室になってしまったため、大家さんはリフォームを検討し始めました。

リフォームをする以上、価値を上げて今まで以上に家賃を上げたいと、相談に見えられたという事例です。それでは検証してみましょう。

A県A市は新築の供給が常にある政令指定都市です。築10年の物件の家賃と特徴を調べると、次のような内容が基準であることが分かりました。

家賃（アパート）3万3000円～3万6000円
脱衣所なし（お風呂・トイレ別）
洗濯機置き場は室外（バルコニー）
キッチンは1m20cm、ガスコンロ持込み型
冷蔵庫スペースは室内
食器棚スペースなし
敷金・礼金が0か月

この基準をもとにこの物件（図6−14）の価値を見ていきましょう。

①築年数……平成28年時点の築年数が27年。20年を超える築年数なので**価値評価は−1万円**となります。

②駅までの距離……この物件は最寄り駅まで徒歩10分の場所に位置していますので、基準どおりで価値評価は0円となります。

③お風呂・トイレ……地域の基準は脱衣所なし（お風呂・トイレ別）ですので、脱衣所なし（お風呂・トイレ一緒）のこの物件は基準より劣ることになり、**価値評価は−1万円**

図6-14　どこをリフォームすると価値が上がるか

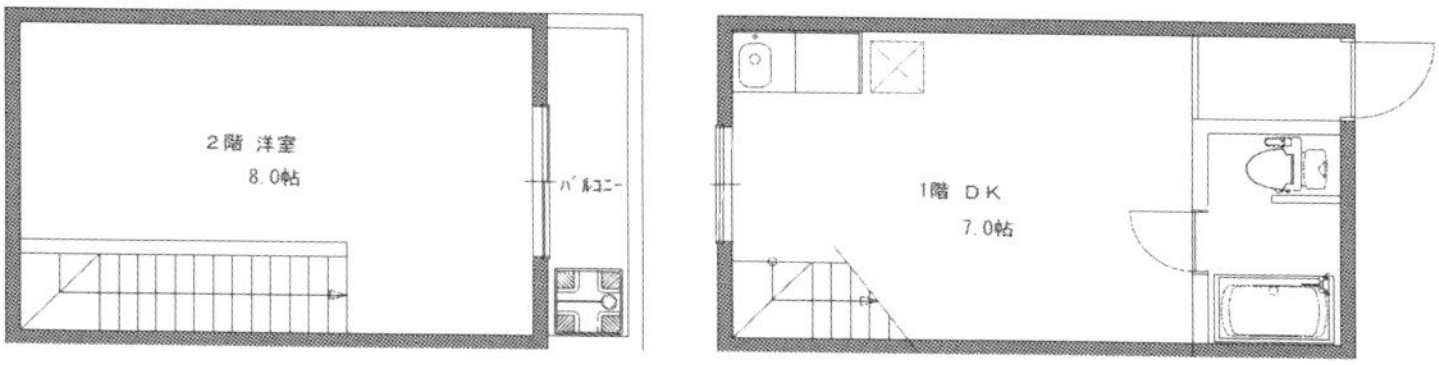

となりました。

④キッチン……地域の基準は1ｍ20㎝なのに比べ、この物件は1ｍ80㎝ガスコンロ持込み型と基準を上回っているので、**価値評価は＋2000円**となりました。

⑤冷蔵庫スペース……地域の基準は冷蔵庫スペース（室内）なのに対して、この物件は冷蔵庫スペースがキッチン横に設けてあるため、**価値評価は＋2000円**となりました。

⑥食器棚スペース……地域の基準では食器棚スペースなしですが、この物件ではキッチン横に食器棚のスペースを作っているため、**価値評価は＋2000円**となりました。

⑦ダイニングスペース……単身物件においてダイニングスペースがあることはプラスの価値になりますが、そこにテーブルまたはソファが置けるかどうかが評価の基準になります。この物件のダイニングは7帖ほどの広さがあり、テーブルまたはソファを設置できる十分なスペースが確保できるため、**＋3000円の価値評価**となりました。

⑧居室……地域の基準は6帖～7帖ですが、この物件の居室は8帖

図6-15　この物件の価値評価をまとめると

プラスの価値		マイナスの価値	
キッチン（1m80cm）	2,000円	お風呂トイレが一緒	－10,000円
冷蔵庫スペース	2,000円	築年数（27年）	－10,000円
食器棚スペース	2,000円	インターネット有料	－3,000円
ダイニングスペース	3,000円	収納なし	－4,000円
洋室8帖	2,000円		
合計	11,000円	合計	－27,000円

査定スタート		プラスの価値		マイナスの価値		
36,000円	＋	11,000円	－	27,000円	＝	20,000円

と広めですので、**価値評価は＋２０００円**となります。

⑨収納……この物件は専有面積も居室の広さもある程度確保されているものの、珍しく収納スペースが１つもないため、**価値評価は－４０００円**となります。

⑩インターネット……この地域の基準はインターネット無料です。この物件は必要に応じて個別に契約を行うタイプですのでその点はマイナスとなり、**価値評価は－３０００円**となります。

最後に、この地域の築10年の家賃相場が３万３０００円～３万６０００円でしたので、一番高く貸せる３万６０００円のお部屋をベースに査定してみます。査定のスタートが３万６０００円、そこにプラスの価値の合計＋１万１０００円とマイナスの価値の合計－２万７０００円を加算して、

図6-16　リフォーム後の価値評価は1万円アップ

プラスの価値		マイナスの価値	
キッチン（1m80cm）	2,000円	お風呂トイレが一緒〔リフォームする〕	
冷蔵庫スペース	2,000円	築年数（27年）	−10,000円
食器棚スペース	2,000円	インターネット有料	−3,000円
ダイニングスペース	3,000円	収納なし	−4,000円
洋室8帖	2,000円		
合計	11,000円	合計	−17,000円

査定スタート		プラスの価値		マイナスの価値		
36,000円	＋	11,000円	−	17,000円	＝	30,000円

2万円という結果が出ました（図6－15）。

査定結果は、現在の募集家賃である2万6000円を下回る2万円という結果になりましたが、大家さんの要望はリフォームをして家賃を上げ収益性を高めることですので、どこを改善すれば家賃を上げることできるのかを見極めることが重要なポイントとなります。

ここで注目したいのはお風呂とトイレです。お風呂とトイレが一緒であることで、価値評価が－1万円となっています。リフォームで価値を上げていくとしたら、ここが一番のねらい目でしょう。

幸い、床がタイルの旧式タイプで3点式ユニットバスと比較したときにゆったりとしたスペースがあることから、お風呂とトイレを別にすることは容易にできそうです。この地域の基準は脱衣所

図6-17　お風呂とトイレを別にすることで価値を上げる

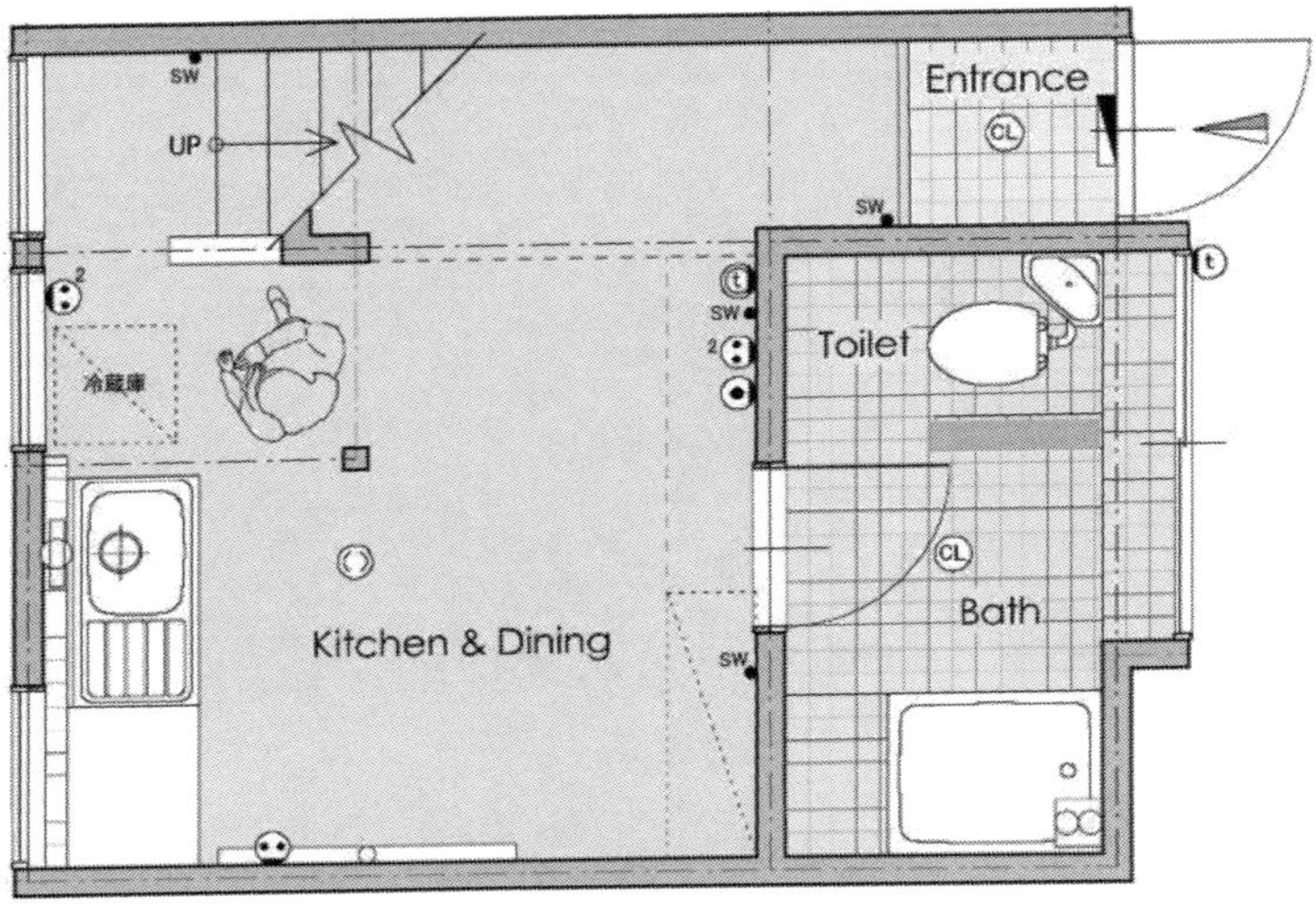

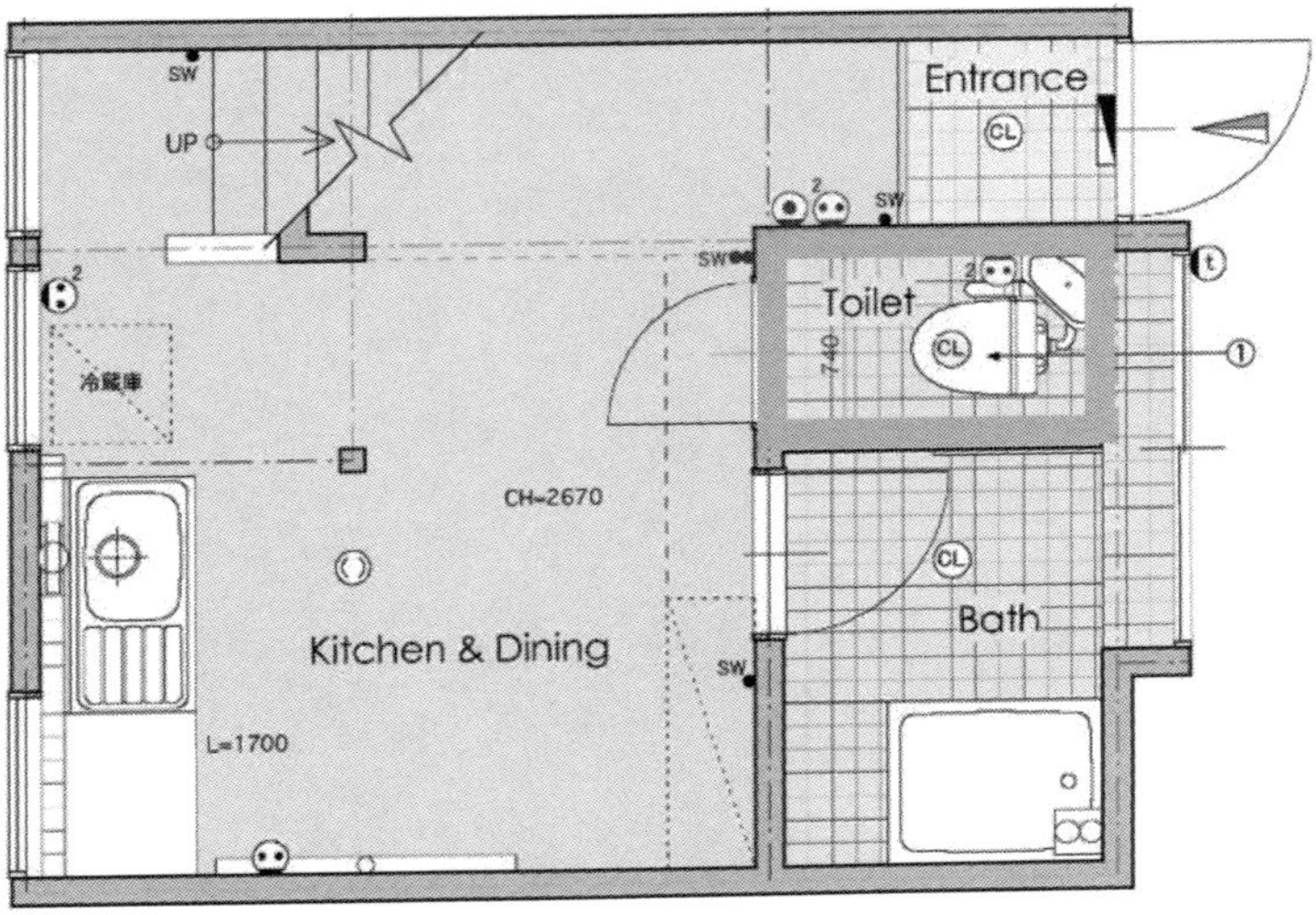

図6-18　お風呂の床をシートで新しい印象に

なし（お風呂・トイレ別）でしたので、ここに手を入れることで－1万円の価値評価が0円と改善され、その結果、家賃を1万円上げることができます。

さらにお風呂の床がタイルで古さを感じさせるため、シートを貼って印象を変えることにしました。

リフォーム後のこの物件の価値は図6－16のようになります。

それまで1年近く空室だったこのお部屋は、**工事完了後13日**で申し込みが入る結果となりました。

この工事でかかった費用は**約20万円**。家賃が4000円上がったので年間で4万8000円の収益向上につながったのですから、投下したリフォーム費用は単純計算で年24％回収でき、4年間でほぼ元が取れると考えることができます。

空室期間が短縮したことをあわせて考えると、とても効果的な資金投下だったのではないでしょうか？

A5

リフォームをする際は、
家賃が下がっている原因を明確にしたうえ、
ピンポイントでその部分を
改善することが効果的でしょう。

Q6　空室が長期間続いています。問い合わせも案内もないのでリノベーションをしようと思いますが、どのようにしたら良いのでしょうか？

●リフォームをして入居者層を広げ収益を上げた事例

物件所在地：A県C市
周辺環境：最寄り駅まで徒歩10分
　　　　　C市の中心地にある駅まで2駅7分
構造：鉄骨造2階建
築年：昭和59年
間取り：2DK（37㎡）
総戸数：6戸
家賃：5万円〜5万1000円
空室数・空室期間：2戸、空室期間不明
時点入居率：66・6％

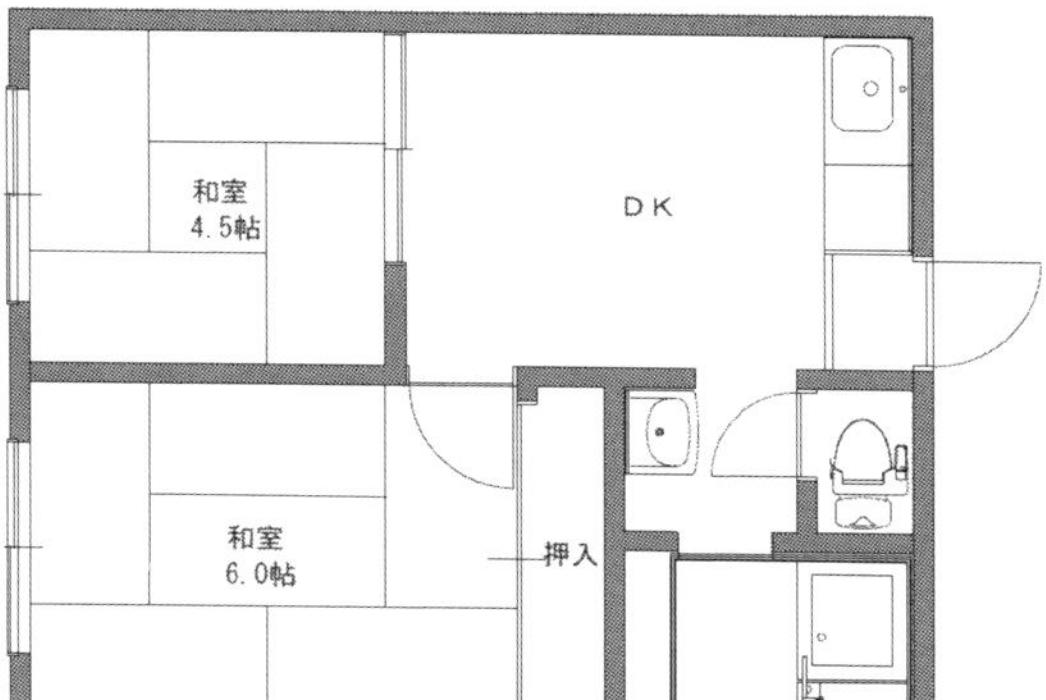

特徴：オートロックなし、独立洗面脱衣所、1m80㎝のキッチン（ガスコンロ持ち込み型）、和室6帖、4・5帖、DK6帖、押入れ（2m70㎝）、洗濯機置き場（脱衣所内）、お風呂はバランス釜、敷金0、礼金1か月で募集

この地域はA県の郊外に位置し、地元工務店が建てたファミリー向けアパートが多いエリアです。ここ数年は近くにショッピングモールができたこともあって単身向けのアパートも増え始め、街が少し活性化してきました。

この物件は駅からも比較的近くて、表面利回りが良く価格も手ごろだったことからこの大家さんが購入を決めました。購入してから1年近く経過しても、当初から空室であった2部屋が一向に決まりません。購入する前に確認したところ、前所有者も空室期間がどれほどなのか分からないとのことでしたが、室内の傷みが激しかったことを見ても相当の期間空室であったことがうかがえました。

大家さんは当初、原状回復するのにある程度まとまった費用が必要だと想定されたことから、入居が決まったら行えばよいと思っていました。しかし、問い合わせも案内もなく空室が長期化していくことに不安を覚えたため、いずれ原状回復をするのであれば今のうちにリノベーションをしようと思い立ち、情報収集のため仲介会社さんを訪問し始めました。

大家さん「私の持っている物件をリノベーションしようと思いますが、引き合いは増えるでしょうか？」

仲介会社「お持ちの物件はたまに紹介はしますが、築年数も古いですし、資料を出した時点で興味を持たれないお客さんが多いですね」

大家さん「なぜでしょうか？」

仲介会社「見た目の問題だと思います。ファミリー層からは必ず敬遠されますし、単身者も同様ですね。リノベーションするなら外観も含めてすべてを行わないと難しいと思います」

大家さん「そうですか……」

少し落胆した大家さんでしたが、仲介会社の話を受けて早速、工事会社に見積もりをとることにしました。ところがその金額はびっくりするほどのもので、初めての不動産購入だった大家さんはなかなかフルリノベーションをする決心がつきません。他に方法はないものかと思い悩んで相談に見えられた事例です。

それでは検証してみましょう。

A県C市の2DKの築10年の家賃と特徴を調べると、次のような内容が基準であることが分かりました。

家賃（アパート）6万3000円〜6万5000円
独立洗面脱衣所
キッチンは1m50cm、ガスコンロ持込み型
洋室2間（6帖、4・5帖）
TVモニターあり
エアコン1基
敷金0、礼金1か月

この基準をもとにこの物件の価値を見ていきましょう。
※地域と間取りにおける価値がこれまでとは多少異なります。

①築年数……平成27年当時の築年数が32年でしたので、20年を超える物件の**価値評価は一1万円**となります。
②駅までの距離……駅まで10分と基準どおりですので、価値評価は0円となります。
③お風呂……基準は当然ながらユニット式のバスですが、この物件は昭和60年以前の建物

図6-19　この物件の価値評価をまとめると

プラスの価値		マイナスの価値	
		バランス釜	−15,000円
		TVモニター	−1,000円
		和室2間	−10,000円
		バルコニーなし	−10,000円
		エアコンなし	−5,000円
		築年数（32年）	−10,000円
合計	0円	合計	−51,000円

査定スタート		プラスの価値		マイナスの価値		
65,000円	＋	0円	−	51,000円	＝	14,000円

なのでバランス釜でした。よって**価値評価は－1万5000円**となります。

④TVモニター……地域の基準はTVモニターありですがこの物件はついていないため基準以下となり**価値評価は－1000円**となります。

⑤居室……地域の基準は洋室2間です。この物件は和室が2間ですので**価値評価は－1万円**となります（※全国的に見ても築10年で2DKがあることは大変珍しいのですが、この地域は地元の工務店が35㎡前後の2DKタイプのアパートを多く建築していたことから基準が成り立っています）。

⑥エアコン……地域の基準はエアコン1基ですが、この物件はエアコンがないことから**価値評価は－5000円**となりました。

⑦バルコニー……大半の物件はバルコニーがあ

図6-20　リフォームで価値が大幅アップ

プラスの価値		マイナスの価値	
収納（2m70cm）	4,000円	バランス釜	〔リフォームする〕
敷金・礼金0	5,000円	TVモニター	〔設置する〕
		和室2間	〔リフォームする〕
		バルコニーなし	−10,000円
		エアコンなし	〔設置する〕
		築年数（32年）	−10,000円
合計	9,000円	合計	−20,000円

査定スタート		プラスの価値		マイナスの価値		
65,000円	＋	9,000円	−	20,000円	＝	54,000円

るため、バルコニーの有無を価値判断することがありません。しかしこの物件のように昭和50年代のアパートはついていないことのほうが多く、敬遠されがちです。そういったことを加味すると、**価値評価は−1万円**程度が望ましくなります（※イメージがしづらい方は先述したとおり、いくらだったら借りるか？　という視点で考えると分かりやすいかもしれません）。

最後にこの地域の築10年の２ＤＫの家賃相場が６万３０００円～６万５０００円でしたので、一番高く貸せる６万５０００円のお部屋をベースに査定してみましょう。査定のスタートが６万５０００円、そこにプラスの価値がゼロとマイナスの価値の合計－５万１０００円を加算して、１万４０００円という結果が出ました（図

図6-21　和室を洋室に変更し、お風呂も新しく

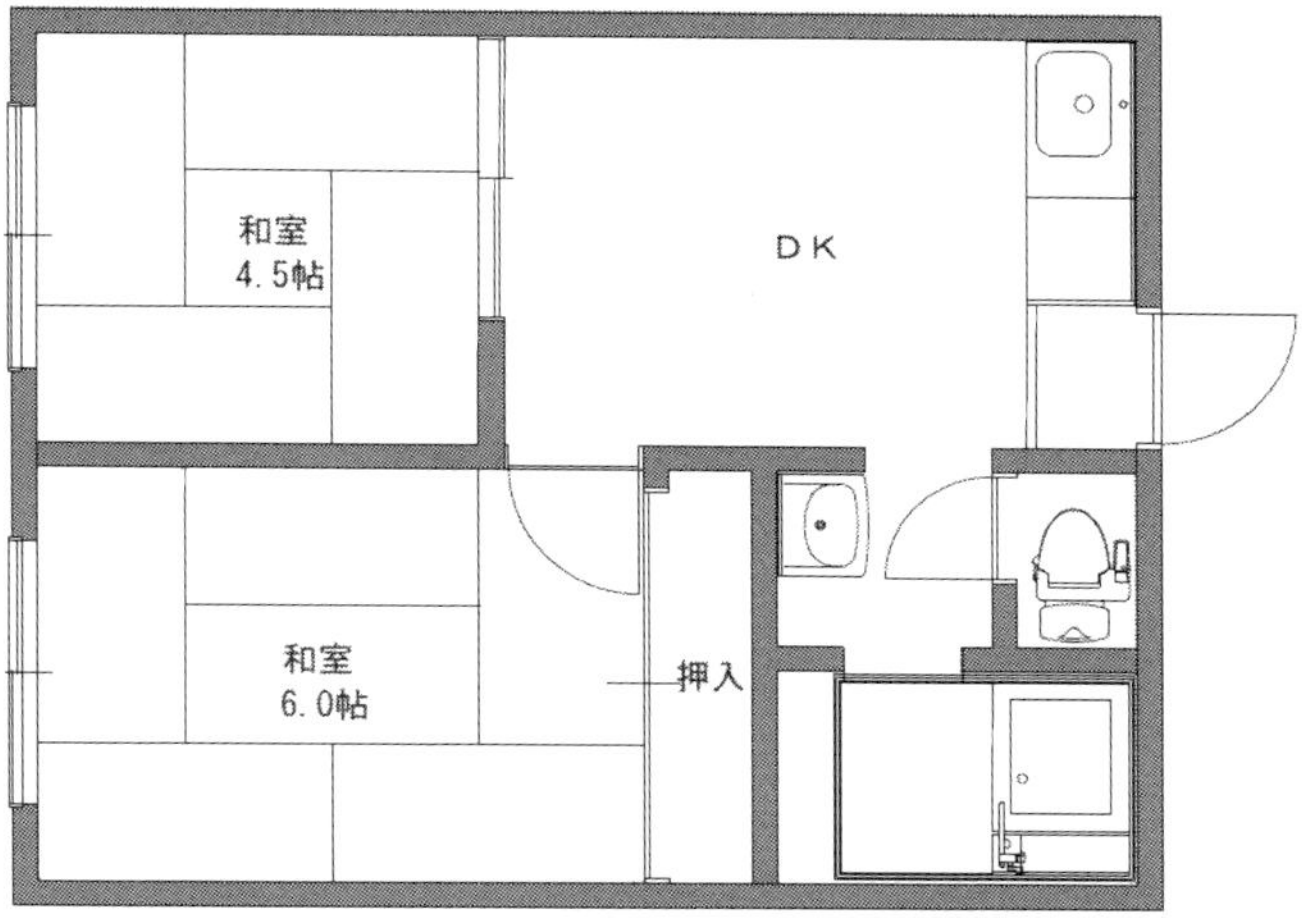

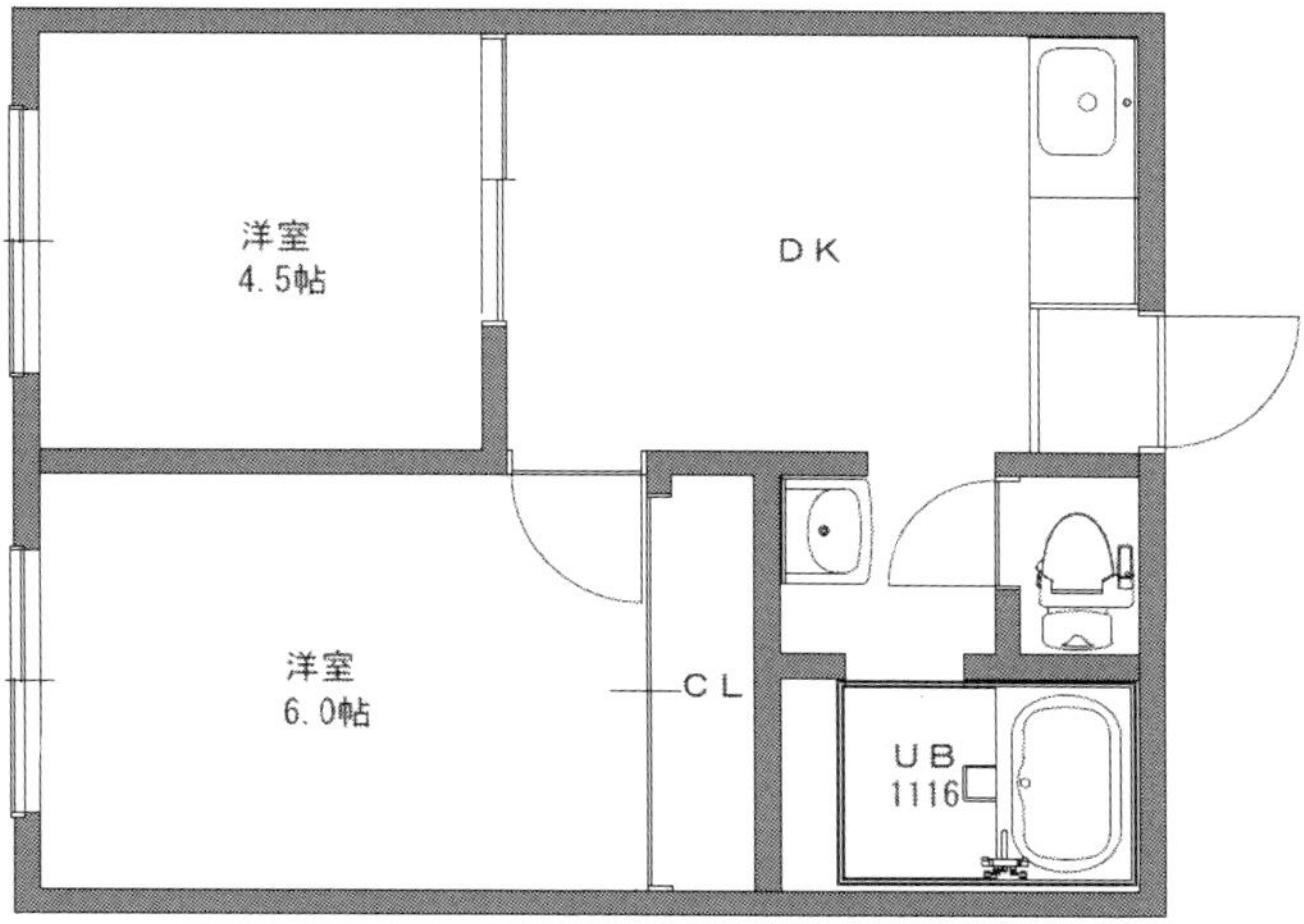

図6-22　バランス釜から給湯式に変更

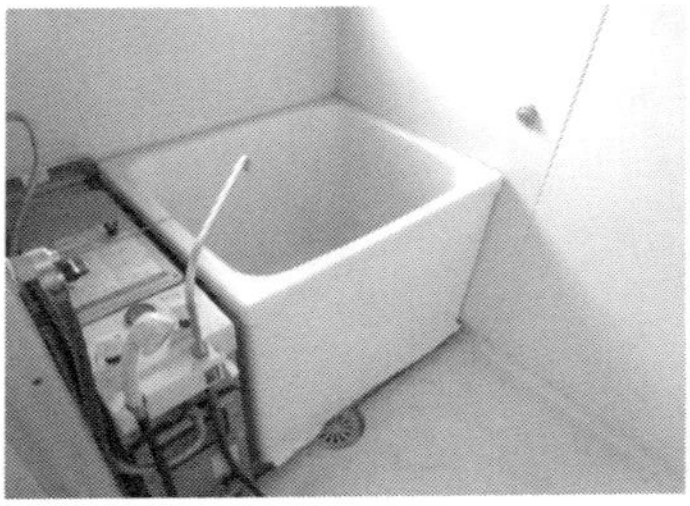

6－19)。

これではとても貸せる家賃ではありません。まったく紹介されず案内さえもない物件はプラスの価値が少なく、価値がつかないことが多いのです。そこで、ある程度の家賃を確保するために、マイナスの価値をなくすことに焦点を絞ってリフォームを行いました。

①和室2間→洋室2間（1LDK）へ
②バランス釜→給湯式のバスへ
③TVモニターの設置
④エアコンの設置

このようにリフォームを行うことによって、2DKが1LDKとなりました。

これにより、2m70cmある収納スペースの評価が変わります。これは2DKとして考えたときには基準値になりますが、1LDKとして考えると基準以上となるためプラスの価値が生まれます。

さらに大家さんの予算の関係上、外壁塗装など室内以外に関するリフォームには当面着手しない方針であったため、敷金・礼金を0にして価値を高めることにしました。

その結果、最終的に価値評価は図6－20のようになりました。

外観こそ印象は良くなかったものの、家賃や募集条件などのお手軽感と室内をリフォームして入居者対象者が広がる間取りにしたことで、リフォーム後33日で申し込みが入る結果となりました。

この工事でかかった費用は1部屋あたり**約100万円**、2部屋で200万円ほど。案内さえもなかったお部屋に入居者が決まり収益が向上したことを考えると、最善の策だったのではないでしょうか？　今後はある程度の家賃収入を得たら、外観などにも着手すると良いのかもしれません。

A6　リフォームする前に、物件がある地域の入居需要とリフォーム内容が合致するかを確認することが重要です。

Q7 リノベーションをしました。私の自信作です。でもその思いが伝わらないのか、入居が決まりません。どうしてでしょうか?

●ニーズを把握しないままリノベーションをしてしまった事例

物件所在地：D県A市
周辺環境：最寄り駅まで徒歩20分
　　　　　A市の中心地にある駅まで4駅12分
構造：鉄筋コンクリート造4階建
築年：昭和56年
間取り：1DK（40㎡）
総戸数：9戸
家賃：6万2000円
空室数・空室期間：1戸、空室期間322日

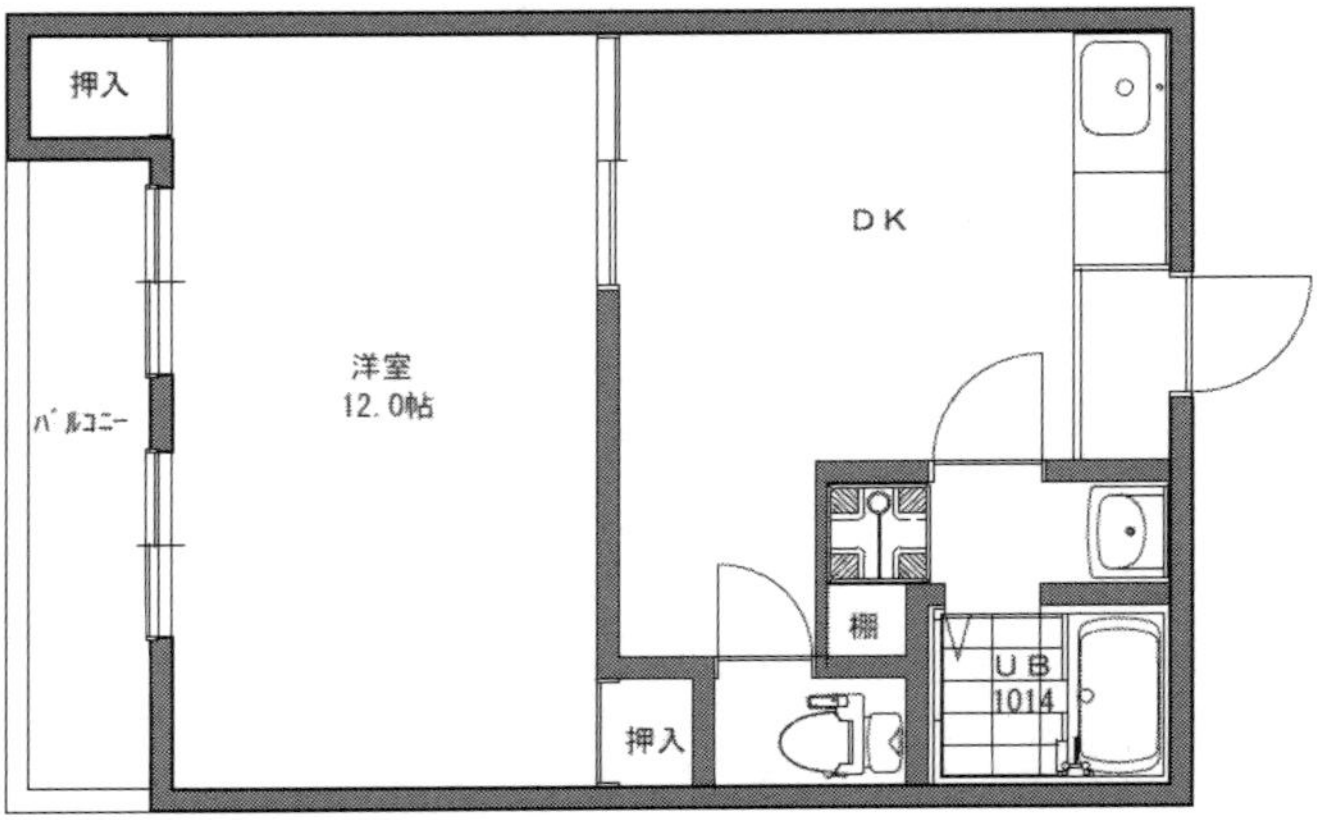

時点入居率：88・8％

特徴：オートロックなし、独立洗面脱衣所、1m80㎝のキッチン（システムキッチン）、洋室12帖、DK4・5帖、クローゼット2か所（1m80㎝、90㎝）、敷金0、礼金1か月で募集、インターネット有料（個別契約）

この物件は駅からは徒歩20分の場所に位置するものの、A市の中心地に比較的近く、大学生やA市郊外に勤務する社会人を入居対象にできるエリアです。

このお部屋はもともと2DKで、築35年を経過していたため、大家さんは入居者層が狭まると考え、リノベーションを決意しました。インテリアが好きでお部屋作りに興味があったことから、数々の建材メーカーや家具メーカーのショールームを回り、お部屋のイメージを膨らませました。施工する会社にも数社見積もりをとった後、数百万円の費用を投下してリノベーションを行ったのでした。

単身社会人をターゲットに出来上がったお部屋はとても満足のいくものとなり、大家さんはお客さんの反応がとても楽しみです。自ら仲介会社さんを訪問し、リノベーションをした経緯やこだわった内装など想いを熱く語りました。

ところが何社回っても、仲介会社さんからは「よさそうですね。紹介してみます」などと社交辞令ばかりが返ってくるので、不安を感じながら募集を開始したのでした。

そして数か月たちましたが、ほとんど問い合わせがありません。大家さんは心配のあまり改めて仲介会社さんを訪問しましたが、期待どおりの反応は得られませんでした。

気がつけばリノベーションが終わって約1年。仲介会社さんの反応が変わらないことに落胆し、相談に見えられたという事例です。それでは検証してみましょう。

D県A市の築10年の1DKを調べると次のような内容が基準であることが分かりました。

家賃（アパート）5万3000円～5万5000円
脱衣所あり
キッチンは1m50cm、ガスコンロ持込み型
オートロックあり
洗濯機置き場は室内
冷蔵庫スペースは室外（キッチン横など）
食器棚スペースなし
敷金0、礼金1か月

この基準をもとに、この物件の価値を見ていきましょう（図6-23）。

図6-23　こちらがオーナーさん自慢の間取り

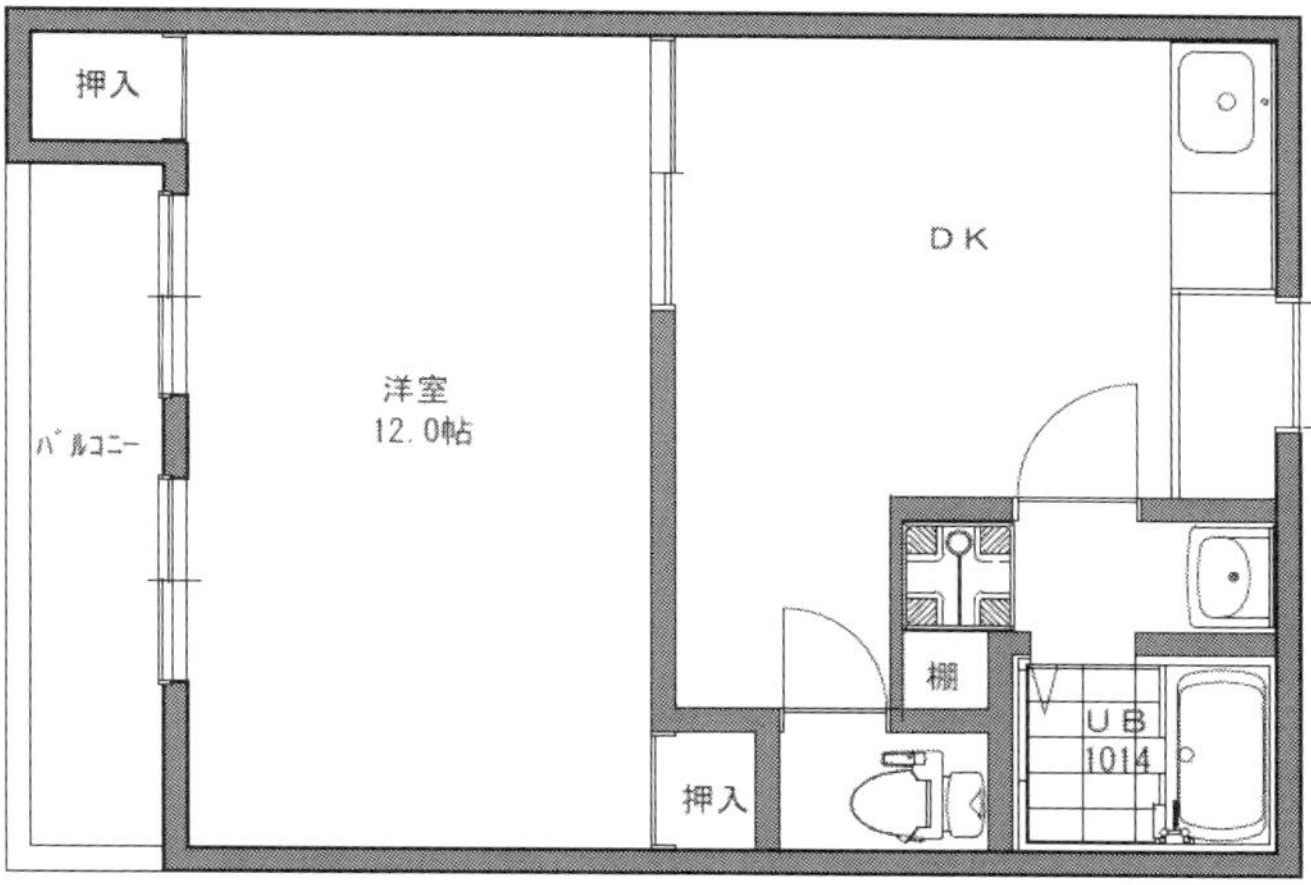

①築年数……平成27年時点での築年数は34年でしたので、築20年以上となり、**価値評価は－1万5000円**となります。

②駅までの距離……この物件は駅まで徒歩20分の場所に位置していますので、**価値評価は－5000円**となります。

③独立洗面脱衣所……地域の基準は脱衣所ありですので、独立洗面脱衣所があるこの物件は基準より価値が高く、**価値評価は＋3000円**となります。

④キッチン……地域の基準は1m50cm（ガスコンロ持込み型）ですので、1m80cm（ガスコンロ持込み型）のこの物件の**価値評価は＋2000円**となります。

⑤食器棚スペース……基準では食器棚スペースなしですので、食器棚スペースのあるこの物件の**価値評価は＋2000円**となりま

図6-24　この物件の価値評価をまとめると

プラスの価値		マイナスの価値	
独立洗面脱衣所	3,000円	オートロックなし	－3,000円
キッチン（1m80cm・持込み型）	2,000円	駅まで20分	－5,000円
食器棚スペース	2,000円	築年数（36年）	－15,000円
収納（2つ）	4,000円		
洋室12帖	7,000円		
合計	18,000円	合計	－23,000円

査定スタート		プラスの価値		マイナスの価値		
55,000円	＋	18,000円	－	23,000円	＝	50,000円

す。

⑥収納……収納が2か所で合計2m70cmありますので、**価値評価は＋4000円**となります。

⑦居室……地域の基準は洋室6帖〜7帖でしたので、12帖の広さの洋室があるこの物件は価値が高くなります。洋室10帖以上の**価値評価は＋7000円**です。

⑧オートロック……地域基準はオートロックありですが、この物件はオートロックがないので、**価値評価は－3000円**となります。

この地域では築10年の1DKの家賃相場が5万3000円〜5万5000円でしたので、一番高く貸せる5万5000円のお部屋をベースに査定してみましょう。

査定のスタートが5万5000円、そこにプラスの価値の合計1万8000円とマイナスの

図6-25　もとの間取りは和室の2DK

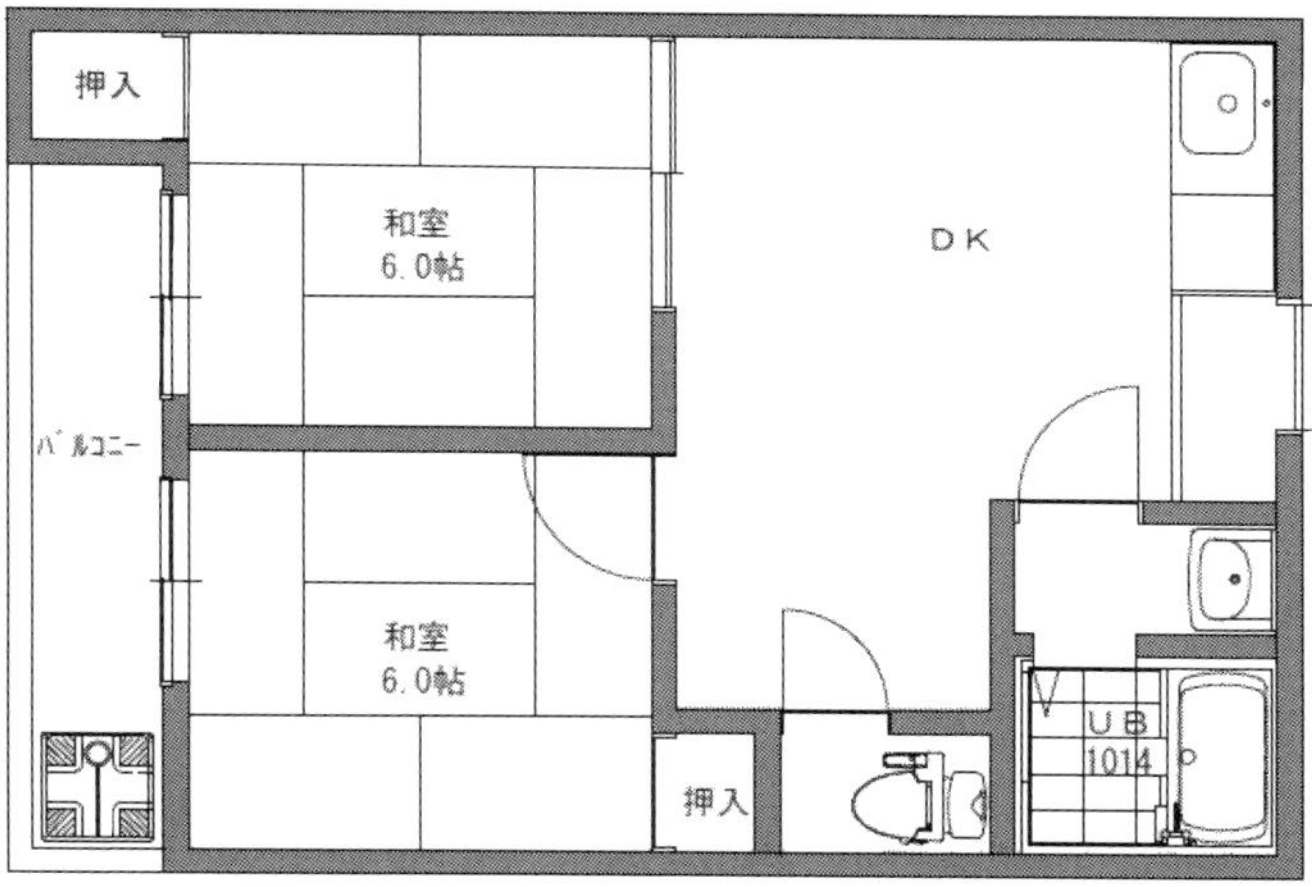

価値の合計－2万3000円を加算して、5万円という結果が出ました（図6－24）。

6万2000円だった募集家賃とは大きくかけ離れた結果です。つまり、このリフォームは失敗だったということでしょう。

いったい何がだめだったのでしょうか。リフォーム前に遡って考えてみましょう。

もともとこのお部屋は図6－25のように2DKで、ある程度の専有面積があったことを考えると、リフォームの際に選択肢として考えられる間取りは複数ありました。

たしかにこの大家さんがやったように、入居者層を広げることを目指して、洋室10帖以上の1K、1DKにして価値を高めるという考え方もあります。しかし、結果としては1人入居というかたちで入居者を限定することになってしまいました。

図6-26　1LDKにすれば2人入居が見えてくる

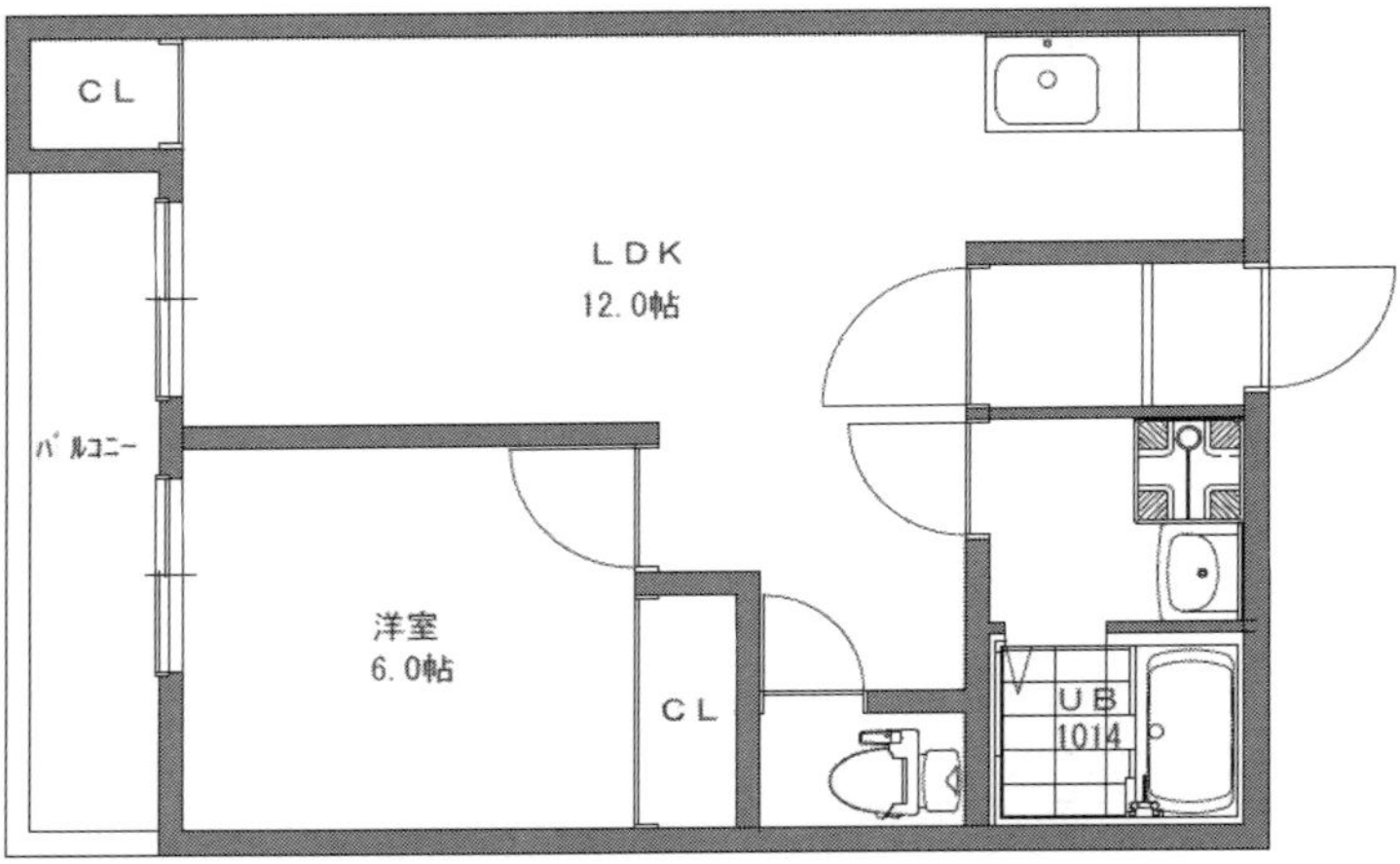

そこで図6－26のように1LDKにしてみるとどうでしょう。2人入居の可能性が見えてきて、もしかしたら新婚層、DINKS層まで入居対象が広がるかもしれません。

では、もし1LDKにリノベーションをした場合、いくらの家賃がつけられるのでしょうか。その価値を検証してみましょう。

この地域の築10年の1LDKの家賃相場は6万5000円～6万8000円です。同じく1DKの家賃相場が5万3000円～5万5000円でしたから、1LDKの間取りを選ぶだけで8000円～1万3000円のアップが見込めることになります。

一番高く貸せるお部屋であることを前提に査定してみると、家賃は6万1000円となり、現在の募集家賃に近い結果になりました（図6－27）。もう少し知恵を絞れば家賃が1

図6-27　1LDKに変更すれば希望の家賃も可能に

プラスの価値		マイナスの価値	
キッチン（1m80cm・持込み型）	2,000円	オートロックなし	−3,000円
LDK12帖	5,000円	駅まで20分	−5,000円
収納（2つ）	4,000円	築年数（36年）	−15,000円
横間の間取り	5,000円		
合計	16,000円	合計	−23,000円

査定スタート		プラスの価値		マイナスの価値		
68,000円	＋	16,000円	−	23,000円	＝	61,000円

０００円上がる可能性はありそうです。

なぜここまで家賃に差がついてしまうのか。

答えは明白です。１Ｋと１ＬＤＫでは基準となる家賃にそもそも差があり、そこが大きく影響をしているのです。ある程度の専有面積がある場合は様々な間取りを検討して、投下する費用と家賃のバランスを考えた上でリノベーションを行うと良かったのかもしれません。

最終的にこの１ＤＫのお部屋は敷金・礼金を０にするなど条件を緩和した上に家賃を下げ、５万５０００円で入居が決定したのでした。

A7　リノベーションをする際は、様々な間取りを検証し費用対効果を考えた上で進めるのがよいでしょう。

結論　家賃はサイエンスできる

同じエスカレーターでも、関西の人は右側に乗り、他の地域の人は左側に乗るように、地域によって生活習慣は異なります。賃貸マンション・アパートで言えば、同じ専有面積35㎡の空間でも、首都圏では広い1Kを好み、西の地域では寝室とその他のスペースを分ける1LDKを好む傾向があります。つまり、地域によって嗜好も異なり、タイプごとの供給数も異なるため、地域ごとの価値を見極めていく必要があります。

その地域の基準さえ分かれば、あとは設備が基準より優れている場合は**いくらまでなら家賃を出せるのか？**　逆に劣っている場合は**いくらだったら借りてくれるのか？**　を加えていけばいいのです。ニーズの積み重ねで最も近い答えを導き出すことができるのです。

そう考えるとある意味、家賃査定は科学に似ています。科学とは広義的には体系化された知識や経験の総称ですので、ニーズを蓄積し、検証を繰り返していくことで答えが見えてくる。つまり家賃はサイエンスできると思うのです。

賃貸マンション・アパートは経営です。体系的に価値が分かったときに初めて大家さんの将来的なビジョンが見えてくるのかもしれません。

図6-28　フロー図にまとめてみると

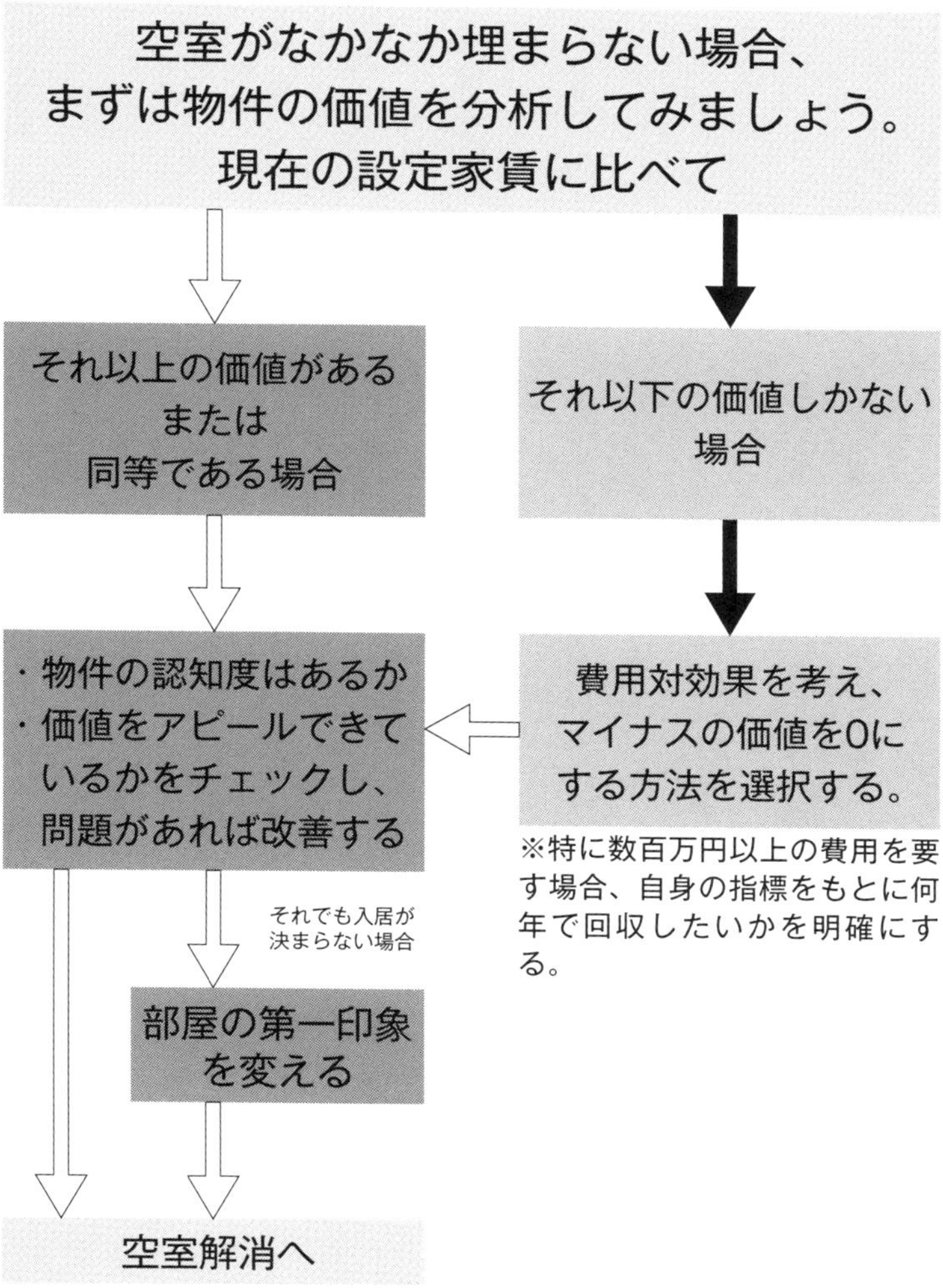
空室がなかなか埋まらない場合、
まずは物件の価値を分析してみましょう。
現在の設定家賃に比べて
それ以上の価値がある
または
同等である場合
それ以下の価値しかない
場合
・物件の認知度はあるか
・価値をアピールできているかをチェックし、
問題があれば改善する
費用対効果を考え、
マイナスの価値を0にする方法を選択する。
※特に数百万円以上の費用を要す場合、自身の指標をもとに何年で回収したいかを明確にする。
それでも入居が
決まらない場合
部屋の第一印象
を変える
空室解消へ

エピローグ

最近のお話です。

ひと昔前の何もしなくても入居者が入っていた時代と、なかなか入居者が入らない時代の浮き沈みを経験した物件がありました。その物件も今では入居が安定し、大家さんも穏やかな日々を過ごしています。

今日は目的があって昔からなじみのある不動産会社のAさんのところに来ています。

大家さん「Aさん、こんにちは。ご無沙汰しています」

Aさん「こんにちは。ご無沙汰しています。隣にいらっしゃるのは息子さん……ですか」

大家さん「はい。今後は息子にも不動産経営のなんたるかを教えていこうと思いまして。それで色々と教えてやっていただきたいと思いましてね。連れてきました」

Aさん「はい。私どもでよろしければ」

大家さん「思い返せば、Aさんのところに管理をお任せしたのも本当になにかのご縁ですね。一時期は、売却をしてもっと入居のいい物件を買おうと思ったこともありましたよ」

Aさん「それは初めて聞きました。なぜそうしなかったんですか？」
大家さん「結局、色々と試行錯誤していくうちに入居者ニーズの大事さが分かってね。そこが分からないと表面的に良さそうな物件を買っても同じことを繰り返すことになる」
Aさん「そのとおりだと思います。ニーズは絶えず変わりますしね。最近はまた新築がすごい勢いで建っていますし」
大家さん「まだまだ物件も増やしていきたいし、まだまだ現役でやるつもりだけど、先々のことも考えて息子にも色々と経験をさせたいと思っていますよ」
息子さん「父はこう言いますが、私は仕事があるのですべてお任せできれば安心かと」
大家さん「それだと、俺みたいに痛い目にあうぞ。確かに任せておけば安心だけど」
Aさん「確かに全てを任せていただくのはうれしいですけど、資産を増やしていかれるのであれば、多少なりとも理解はしていただいたほうがいいかもしれないですね」
大家さん「そうそう。理解していないと状況が悪くなったときに誰かのせいにしてしまう。そしてこうやってケーキを……」
Aさん「もしかして3個ですか」
大家さん「そう。渡して、頭を下げる」
Aさん「もうやめましょう。そういうことは……」
大家さん「ははははは……」

おわりに

本書のタイトル『家賃について考えてみたら、収益を上げる方法が見えてきた。』は、昨今の不動産投資ブームで賃貸マンション・アパートの空室問題が懸念される中、情報が錯綜し何が正しいのか分からないという声も多く聞かれることから、情報に振り回されることなく違った視点で考えてみることも大事ではないかという思いを込めてつけたものです。

短時間で繰り返し読めるよう難しい表現は省き、分かりやすく表現したつもりです。思えばこの家賃査定の考え方は、5年前に社員教育の1つとして始めたものでした。その後もこの仮説の検証を繰り返し、実績を積み重ねるごとに、実務において不動産の価値を明確にするのに有効だと思うようになりました。今では、この考え方が賃貸マンション・アパートを所有している多くの大家さんの手助けになるのではないかという確信へと変わっています。

しかし一方で、人口減少と賃貸マンション・アパートの供給過多による空室の増加がクローズアップされ、状況は厳しさを増しています。供給が増え続ける以上、ニーズや価値の変動スピードは速くなるばかりです。この価値の変動スピードに対応できるか否かが今後の賃貸マンション・アパート経営を左右するといっても過言ではありません。

本書を読まれた全国の賃貸マンション・アパートの所有する大家さんが少しでも市況に対応し、収益向上のためのきっかけを摑んでいただければこのうえない喜びです。

本書執筆にあたり、多くの素材を準備していただいた三和エステートのスタッフのみなさん、企画から出版までご尽力いただいた筑摩書房の磯部さん、この場を借りて厚く御礼申し上げます。ありがとうございました。

亀田 征吾
(かめだ・せいご)
(株)アセットデザインカンパニー代表取締役

福岡県出身。CPM（米国不動産経営管理士）資格を保有。賃貸仲介事業、賃貸管理事業、そして投資アパート事業と、総合的な賃貸不動産マネージメントに携わる。業界歴20年で築いた独自の理論である「物件の価値算出法」に基づく空室対策術が大きな反響を呼び、悩める大家さんの頼れるアドバイザーとして、またセミナー講師として精力的に活動を行っている。

家賃《やちん》について考《かんが》えてみたら、収益《しゅうえき》を上《あ》げる方法《ほうほう》が見《み》えてきた。

家賃《やちん》をサイエンスする空室対策《くうしつたいさく》

2017年8月10日　初版第1刷発行

著　　者　亀田征吾（かめだ・せいご）
発 行 者　山野浩一
発 行 所　株式会社 筑摩書房
東京都台東区蔵前2-5-3　〒111-8755
振替　00160-8-4123

装　　幀　株式会社パラドックス
印刷・製本　中央精版印刷株式会社

ISBN 978-4-480-87892-2 C0034

乱丁・落丁本はお手数ですが下記宛にご送付ください。
送料小社負担でお取り替えいたします。ご注文、お問い合わせも下記にお願いします。
筑摩書房サービスセンター
〒331-8507　さいたま市北区櫛引町2-604　　TEL 048-651-0053